REFORM
OF THE SUPPLY FRONT

供给侧改革
中国经济夹缝中的制度重构

李莲莲 蔡余杰 赵光辉 ◎ 著

当代世界出版社

图书在版编目(CIP)数据

供给侧改革：中国经济夹缝中的制度重构 / 李莲莲，蔡余杰，赵光辉著 . —北京：当代世界出版社，2016.3
ISBN 978-7-5090-1089-1

Ⅰ. ①供… Ⅱ. ①李… ②蔡… ③赵… Ⅲ. ①中国经济—经济改革—研究 Ⅳ. ① F12

中国版本图书馆 CIP 数据核字（2016）第 049779 号

书　　名：	供给侧改革：中国经济夹缝中的制度重构
出版发行：	当代世界出版社
地　　址：	北京市复兴路 4 号（100860）
网　　址：	htip://www.worldpress.org.cn
编务电话：	（010）83908456
发行电话：	（010）83908409
	（010）83908455
	（010）83908377
	（010）83908423（邮购）
	（010）83908410（传真）
经　　销：	全国新华书店
印　　刷：	北京毅峰迅捷印刷有限公司
开　　本：	710 毫米×1000 毫米　1/16
印　　张：	17.5
字　　数：	230 千字
版　　次：	2016 年 4 月第 1 版
印　　次：	2016 年 4 月第 1 次
书　　号：	ISBN 978-7-5090-1089-1
定　　价：	45.00 元

如发现印装质量问题，请与承印厂联系调换．
版权所有，翻印必究，未经许可，不得转载！

序言

当中国经济走在新的十字路口

需求与供给的互动，促成经济发展的波浪。面对国家经济下行的压力，2016年3月5日，李克强总理在十二届全国人大第四次会议上做《政府工作报告》，明确指出"在适度扩大总需求的同时，突出抓好供给侧结构性改革……使供给和需求协同促进经济发展，提高全要素生产率，不断解放和发展社会生产力。"

国内某杂志曾以五味杂陈、百感交集的大国心态，这样描述我们这个历史悠久的国度——

几个世纪以来，不同的国人，以各自方式期待着它——天真者，以单纯的心来期待；世故者，以怀疑的眼光期待；低贱不幸者，以悲愤抑郁的心情期待；炙手可热者，以志在必得的骄姿期待。或温良恭让以求，或剑拔弩张以求，或杀身蹈海以求，或含辱忍垢以求，或韬光敛迹，退而求之，或高歌狂飙，激进以求。于是落寞有时，狂热有时，欢呼有时，哀呻有时，颂祷有时，忏悔有时。

悲喜交加的言辞，似乎呼应着近几年来中国经济的忧虑与荣耀。

我们一边见证着中国崛起的荣光，一边感受着大国崛起带来的重重坎坷。

"国富民强"这一整体大框架在一次次改革浪潮中被不断勾勒。而与这一大框架保持同一节奏的还有各种各样的问题：

- "四万亿"刺激[①]后的中国，产能过剩、资源错配，"僵尸"企业依然存在；
- 部门低效、无能的杠杆依然在持续增加；
- 房地产的价格矗立在了历史的顶点；
- 金融市场的泡沫和风险尚未解除；
- 市场物价已经走到了通缩的边缘，工业品出厂价格连续下跌，仍然未触底；
- 社会的债务膨胀已造成流动性陷阱，从地方政府到金融机构、实体企业，谁都逃不过；
- 环境污染、经济博弈、政治经济改革、贫富分化等问题日益严重……

源源不断的问题驱使我们不断寻找更深层次的解决方案。

中国经济的发展，进入了系统性的制度重构、结构调整时间。

当前经济的困局，不仅是发轫于2008年全球金融危机的影响，而且是一次大的历史转折点。我们可以从中国受危机冲击最严重的2009年不断往前追溯（见表1）。

中国制造2025，大众创业、万众创新，加强市场配置，参与全球治理，加快自主创新，"互联网+"……当下这些最热门的名词都是我们对过去数百年落后时光的回望。

跳出历史的相框，漫长的时间进程感消失了。如今，我们仿佛生活在一个观念乃至过程都被压缩了的世界。

一切转瞬即逝，但又丰富得像历经了几个世纪。

以市场化浪潮席卷万丈波涛为背景的大国崛起与种种经济悲喜，皆在同一道门庭中渐渐消融。

[①] "四万亿"刺激：2008年岁末，我国开始了4万亿刺激经济计划。

表1 与中国经济危机相关的重大历史转折点

转折点（时间）	分析
1999年	这是中国全面分享红利，迅速融入全球经济体系的关键时刻。
1989年	这是中国全面确立社会主义特色的市场经济体制的节点——通过双轨制改革形成市场分工效率、推动市场体系发育，依靠统一市场机制获取规模红利。
1979年	这是中国改革开放的起始点，也是制度再造的里程碑。开始解放体制枷锁，唤醒沉睡的效率，激发要素动力。至今，所有的发展要素被充分调动和激活，持续扩大规模投入，经济不断加速增长。
1949年	这是新中国统一和建立的时间。从这时起，中国结束了内战、涣散的局面，重新建立了完整的社会制度，整个国民经济体系和基本政治格局沿用至今。
1919年	这一年是中华民族近现代以来，文化反思和民族自省最深刻的一年，也是中华民族最激烈的一次现代性改革。民主和科学，成为我们在接受外来文化冲击之后的一场痛苦觉醒。
1840年	这一年，"中央大国"被西方的利炮坚船敲开了大门，中国以一个悲剧的角色登上了国际历史舞台。回望数百年历史，我们错失了航海时代，错过了工业革命，渐渐远离了国际舞台，延缓了市场经济，滞后了全球分工，至今我们仍在追赶的路上。

我们这个曾一度休眠蛰伏的大国，在经历漫长等待、重重蜕变与不断磨砺后，正上演着一场摧枯拉朽式的变革。

导致一个国家进行变革的因素有很多，包括来自执政者的决策、民众思想观念的改变、外界的冲击与影响等等。而时代的浪潮跌宕起伏，源于生生不息的积累。那些看起来立竿见影或潜移默化式的成长，无不渗透着"润物细无声"的变革之功。

然而，当经济刺激政策成为过去式，随着银行贷款陆续到期，政府订单不断减少，我国经济重新进入了下行区间。一方面需要消化前期刺激政策的负面影响，另一方面内需不足经济下滑。此时，我国经济压力增大，金融风险骤增，资产泡沫一触即发……经济状况比刺激之前更加恶劣。这是由多期叠加的经济困境所致。

这时，我国政府面临艰难的选择——是继续把问题延后几年，饮鸩止渴，还是冒着转型升级的经济风险，把"脓包"挑破，治愈病痛？

不仅如此，上层建筑必然因经济基础不稳而容易动摇。种种矛盾在经济繁荣期也许能被掩盖，到了经济崩溃期必然会暴露出来。

今天，我国经济就走在这样一个新的十字路口上——中国经济的增长滑向了泥潭，经济下行[①]的压力已经非常明显。

诸多争议依旧存在，改革远未大功告成。

中国经济改革已进入深水期，即将开启新一轮攻坚战，我们需尽快明确改革的具体内容和步骤。

此次中国经济的下滑已经不是某一轮周期性的波动，而是一场结构性的危机。

第一，从外部发展环境来看，全球经济发展已进入结构性调整阶段。

危机过后，发达国家的货币呈宽松状态，其本质无非是"用泡沫拯救了泡沫，以债务置换了债务"，真实的产出率的提升却从未实现。发展中国家在危机之后又再次陷入危机，从泡沫破裂到货币贬值，从价格下跌到产能过剩，从投资过热到通货膨胀……短短几年间，新兴经济体完成了从膨胀到衰退的周期，而发展中国家的危机还在不断加深。

第二，从内部发展阶段来看，传统四大增长动力[②]正逐渐消退。

经济全球化的红利随着危机后需求的萎靡走到了尽头；改革开放提供给我们的制度动力已经进入深水区；成本优势被国内劳动力价格的迅速升高而冲抵；技术进步、低成本学习模仿优势随着"果实"的摘尽，后发劣势逐渐显现。

---

① 经济下行：指衡量经济增长的各项指标都在不断降低，比如GDP、PPI、CPI等，也就是经济从一个增长趋势变成一个下降趋势。

② 四大增长动力：实业、消费、金融及城镇化。

在这样的时代背景下,供给侧改革登上了舞台。

供给侧改革,英文 Reform of the supply front,即确立供给优先的增长方式与发展模式,以投资拉动为基础、创新驱动为主导、经济效益为归宿的增长方式。用知识密集型经济代替劳动密集型经济,用内需导向型经济代替出口导向型经济,用幸福经济代替 GDP 经济(见表2)。

表2 供给侧改革涉及的重点及作用

涉及的重点	作用
优化产权结构	国进民进、政府宏观调控与民间活力相互促进。
优化投融资结构	促进资源整合,实现资源优化再生与优化配置。
优化产业结构	优化产品结构,提高产业质量,提升产品质量。
优化分配结构	实现公平分配,使消费成为生产力。
优化流通结构	节省交易成本,提高有效经济总量。
优化消费结构	实现消费品不断升级,不断提高人民生活品质。

历史,总是这样生生不息地传承,在执政者及民众的合力推动下,不断奔涌向前,变换新的景象。

每次改革的瞬间,其背后都蕴藏着一段纵深的历史。

当我们走在新的十字路口,炽烈而虔诚地选择未来前进的方向和路径时,无法忽略以往走过的路程。尽管以往经历过的坎坷与辉煌,只属于过去,无法再重来,但它们在某一个历史的节点延伸出的无数个触角,与现在和未来搭建起千丝万缕的联系,成为"从过去传到将来的回声"。

尽管有时,我们以热情洋溢又华丽空洞的辞藻堆砌而成的宏大叙事,看似缥缈、虚无。

但一个国家的繁荣与强大带给我们每个个体"同呼吸共命运"、"共生共荣"的体验感却是真实的。

我们渴望"大国崛起"四个字带来的自豪感,这样的感觉总是让人伴着难以名状的幸福感。

在西方发达国家的执意、不以为然甚至嘲笑中，他们眼睁睁地看着中国这头沉睡的狮子苏醒，如今正加速奔跑，未来还将影响、引领着这个世界前进。

源于此，本书讲述的供给侧改革从"历史之光"拉开帷幕。通过对历史的回顾与思考，透过认知理解、实施策略、市场机遇三个大篇章，由浅入深地全面解读时下最热门的新经济政策。

认知理解篇：本篇从分析中国当前的经济形势出发，反思中国经济需渐进、改良地前进。同时剖析了决定供给侧改革势在必行的3种力量。进而沿着供给侧改革的时光轴，解读了供给学派诞生、何为供给侧改革、为何要进行供给侧改革、中国供给侧改革的侧重点、供给侧改革在国外的先例，国外供给侧改革中值得我们借鉴的宝贵经验等等。

实施策略篇：任何改革新政都要在落实之后才能看见成效。本篇透过逻辑、战略、路径三个方面，着重诠释了供给侧改革的实施策略，包括供给侧改革的4个方向、4个关键、4个"歼灭战"、供给侧与需求侧如何双向发力等一系列落地战略。

市场机遇篇：本篇是对供给侧改革的影响总结与未来展望。客观分析了供给侧改革的市场机遇，包括供给侧改革如何影响经济结构，如何影响杠杆率，对产业升级有什么影响，供给侧改革未来的看点和发展走向……用事实提醒世人，唯有永远与危机赛跑、永远与改革为伍，才能真正过上幸福而有尊严的生活。

时代骇浪汹涌，聚成大片漩涡。

很多时候，我们以为只要漩涡继续汇聚，吸走严冬，天地就能不动声色地春意盎然。然而，改革路上的种种梦想却未必会成真。

作为大国的执政者，习近平主席顺应历史发展的规律和趋势，同时又颇有拓荒者的勇气和魄力。他提出的供给侧改革既有对中国经济根系的坚持，也有新的变迁，并分化出多重枝干。这些枝干不断萌生新的枝叶，结出累累硕果，最终在中国经济的天空，挥洒出一道任谁都难以复制的独特风景。

当下，不只是一个重大的历史转折点，更是一场在全球危机中的博弈——这是中国不可权宜的一次身处经济夹缝中的制度重构。

站在十字路口，大声告诉世界：让我们一起拉开供给侧改革——与危机赛跑的创新序幕！

目录

【认知理解篇】 供给侧改革的前世今生

第1章 历史之光：谁也无法阻挡中国经济前进的脚步 / 2

1.1 当"中国制造"的光环褪去，中国经济需渐进、改良地前进 / 2

　　1.1.1 改革背景：一夜雨飘风落后，"中国制造"不再活力四射 / 2

　　1.1.2 新的共识：中国经济需渐进、改良地前进 / 7

　　1.1.3 困境惊梦：如何挖掘新常态下经济增长内核 / 13

　　1.1.4 "调结构"之重：取得战役胜利不可能一蹴而就 / 16

1.2 "供给侧改革"的时光轴：供给学派诞生 / 20

　　1.2.1 亚当·斯密论：政府只是经济发展的"守夜人" / 20

　　1.2.2 凯恩斯主义：难解结构性危机，退出历史舞台未必是悲剧 / 23

　　1.2.3 供给经济学：与中国经济"供给错位"难题的不解之缘 / 27

　　1.2.4 不可复制的成功："里根经济学"变革 / 29

第2章 横空出世：释放中国新经济红利的"供给侧改革" / 34

2.1 究竟何为"供给侧改革" / 34

2.1.1 经济新政"供给侧改革"：新的赚钱手段还是阴谋诡计？ / 34

2.1.2 经济链条上的"双生花"：供给侧与需求侧 / 43

2.1.3 关于"供给侧改革"的八个误区 / 46

2.1.4 撩云拨雾看本质：打破中国经济增长瓶颈 / 48

2.2 3种力量决定供给侧改革势在必行 / 52

2.2.1 经济发展的力量：中国经济新常态重构市场秩序 / 52

2.2.2 商业模式的力量：消费商到来重构传统消费模式 / 56

2.2.3 信息技术的力量："互联网+"和大数据重构供需关系 / 58

第3章 世界之眼：透过国际市场经验看"供给侧改革" / 64

3.1 跳出凯恩斯主义"围城"，聆听来自国际的声音 / 64

3.1.1 外媒对"供给侧改革"的解读 / 64

3.1.2 丹尼尔·格罗斯：中国"供给侧改革"利好全球 / 68

3.1.3 国外经济学者眼中的"供给侧改革" / 69

3.1.4 欧美货币政策背道而驰的启示 / 74

3.2 放眼国际市场，国外"供给侧改革"是这样进行的 / 77

3.2.1 美国："1995奇迹" / 77

3.2.2 英国：撒切尔夫人的经济改革 / 79

3.2.3 澳大利亚：通过创新实现经济过渡 / 82

3.2.4 日本：度过产能过剩危机 / 85

3.3 你变或不变，它都在逐渐渗透、释放新经济红利 / 87

 3.3.1 无形的手：以供给侧改革拉动全局经济 / 87

 3.3.2 自我调节：由过度依赖"西医"转变为"中医为主，西医为辅"
   综合疗法 / 91

 3.3.3 对企业的红利：从供给侧改革中大受其益的万达 / 95

 3.3.4 对民众的红利：与生活息息相关的新实惠与便利 / 99

 3.3.5 困境不再来：上一轮改革回顾与本轮供给侧改革形势分析 / 100

【实施策略篇】 供给侧改革的逻辑、战略和路径

第4章 逻辑：风起于青萍之末，改革始于思之慎 / 106

4.1 从哪里出发就有哪些不同的抉择——供给侧改革的4个方向 / 106

 4.1.1 方向1：从原点出发，让供给创造新需求 / 106

 4.1.2 方向2：从周期出发，发挥供需相互作用 / 108

 4.1.3 方向3：从管制出发，打破发展诸多限制 / 109

 4.1.4 方向4：从改革出发，真正解决实际难题 / 112

4.2 改革应富有层次地展开——供给侧改革的4个关键 / 114

 4.2.1 关键1：优化产业结构，淘汰落后产能 / 114

 4.2.2 关键2：调整经济结构，延续生命周期 / 116

 4.2.3 关键3：宏观调控财税，加快体制改革 / 118

 4.2.4 关键4：刺激资本复苏，提高服务效率 / 120

第 5 章　战略：驱动改革落地，政策才不会"落了片白茫茫大地真干净" / 123

5.1 "加减乘除"四则运算——供给侧改革的落地法则 / 123

5.1.1 法则 1：加法——补齐短板，扩大供给 / 123
5.1.2 法则 2：减法——简政放权，激发活力 / 125
5.1.3 法则 3：乘法——创新理念，开拓空间 / 127
5.1.4 法则 4：除法——扫清障碍，稳妥发展 / 128

5.2 最为关键的 4 个"歼灭战"——供给侧改革的根本策略 / 131

5.2.1 "歼灭战"1：优化劳动力配置，提升人力资本 / 131
5.2.2 "歼灭战"2：优化土地配置，抑制房地产泡沫 / 134
5.2.3 "歼灭战"3：提升全要素生产率，建设资本市场 / 138
5.2.4 "歼灭战"4：政府落实改革方案，提供发展动力 / 140

第 6 章　路径：供给侧与需求侧双向发力，在渐进式变革中乘风破浪 / 143

6.1 供给侧：以市场为导向的中国式创新 / 143

6.1.1 当"三驾马车"没有了动力 / 143
6.1.2 供给侧改革需要逐渐市场化 / 146
6.1.3 释放经济增长红利的新供给 / 149

6.2 需求侧：引导市场需求，释放内需潜力 / 151

6.2.1 步骤 1：根据供给侧调整需求侧 / 151
6.2.2 步骤 2：完善需求侧推动供给侧 / 153

6.3 供给侧＋需求侧：双向发力，促进我国产业面向中高端 / 155

    6.3.1 让经济回归"供给自动创造需求"的状态 / 155

    6.3.2 持续发展的引擎：创造新供给、释放新需求 / 158

    6.3.3 流转并优化五个财富创造要素 / 160

    6.3.4 两端发力、双管齐下 / 162

【市场机遇篇】 供给侧改革的影响和未来

第7章 影响渗透：历史不会重演，但剧情总有相似 / 168

7.1 沉淀：改革影响力是政策的另一种沉淀 / 168

    7.1.1 供给侧改革对经济结构的影响：第三产业占比攀升 / 168

    7.1.2 供给侧改革对杠杆率的影响：化解防范金融风险 / 171

7.2 升华：中国新经济的供给"实验室" / 174

    7.2.1 供给侧＋传统企业：从O2O到"互联网＋"创业 / 174

    7.2.2 供给侧＋农业：读懂"一号文件"，保障持续增收 / 177

    7.2.3 供给侧＋工业：主动适应调整，"四化"是改革主战场 / 183

    7.2.4 供给侧＋制造业：打造"中国智造"品牌 / 186

    7.2.5 供给侧＋旅游业：变革已经"在路上" / 189

    7.2.6 供给侧＋零售业：马桶盖、洋奶粉，海淘如何不再殇 / 195

    7.2.7 供给侧＋服务业："互联网＋"时代的法治中国 / 203

第 8 章　拥抱未来：警报尚未解除，这是又一次与危机赛跑的制度重构 / 206

8.1 永远与危机赛跑：改革有风险，动荡依旧在 / 206

8.1.1 成本：矫枉才能及正，猛药才能去疴 / 206

8.1.2 风险：改革进程会被这四大问题影响吗 / 209

8.1.3 辩证：可能令改革偏离轨道的八组关系 / 212

8.1.4 清单：来自制度重构的顶层设计 / 215

8.2 永远与改革为伍：让人民真正过上幸福而有尊严的生活 / 218

8.2.1 "十三五"背景下，中国式"供给侧改革"何去何从 / 218

8.2.2 未来走向：政府将进一步加大减税力度 / 221

8.2.3 按下转型快进键，向世界释放更多"中国红利" / 223

后　记　2016年，中国准备好了吗？ / 231

附录 1 / 237

附录 2 / 239

【认知理解篇】
供给侧改革的前世今生

"供给侧改革"横空出世,成为近来政府高层讲话中的高频词汇。

究竟何谓供给侧改革?

为何要进行供给侧改革?

供给侧改革是否有先例?

中国"供给侧改革"更注重什么?

国外的供给侧改革有哪些值得我们借鉴的宝贵经验?

2007年以来,为何我国经济增速逐年下滑,而需求刺激效果甚微?

20世纪70-80年代,美、英经济相继陷入滞胀,他们采取了怎样的措施帮助经济走出衰退的泥淖……

一次改革的落地远不是诠释概念那么简单,唯有了解了来龙去脉才能延伸、创新。

本篇将全面解读供给侧改革的"前世今生"。

第1章 历史之光：谁也无法阻挡中国经济前进的脚步

1.1 当"中国制造"的光环褪去，中国经济需渐进、改良地前进

1.1.1 改革背景：一夜雨飘风落后，"中国制造"不再活力四射

☞ **微观新政**

《经济学家》一书曾预言："尽管从眼前看，中国需要大量的进口，这将刺激工业发达国家的生产，但是长远而言，'洪水猛兽般的中国出口品会成为必然'。"

2002年，《经济学家》的预言实现了——"中国制造"开始活力四射，发出耀眼的光芒。

从"中国制造"、房地产到上游能源和原材料行业，中国经济繁荣昌盛的触角向更多领域延伸。

细心的业内人士发现，热火朝天的繁荣景象背后，是海量投资的急剧膨胀。而且，不仅政府与国有企业参与投资，民间资本也纷纷参与其中，中国经济投资的"盘子"越做越大。一切看似意气风发、生机勃勃。

我们有时不得不承认，这个时代总是充满了从山顶跌落谷底，又从谷底一跃至顶峰的悲喜剧。

眼下，改变正在发生，如同湖边斑驳的树影随着阳光的舞步在水中悄然位移。面对这场经济狂欢，中国政府的宏观调控会以怎样的面目出场？下一出剧情将以怎样的形式开场呢？

青年作家许知远于2011年写下了《时代的稻草人》，书中有这样一段话：

稻草人内心善良，却在现实面前无能为力。他那细竹枝的骨架子、隔年的黄稻草的肌肉、手臂上用线拴的破扇子，赶不走飞蛾，帮不了生病的孩子，救不了离水的鲫鱼、寻死的女人。

我的确担心自己成为这个时代的稻草人。这个稻草人不是插在那个军阀混战、民族屈辱的田野，而是生活在一个国家空前繁荣、强大的时刻。你的焦虑与呐喊，不会惊醒在铁屋中沉睡的人们，而是立刻消散在四周的喧哗与躁动中了，再惊人之语，都显得平淡无奇，连忧虑本身，都像是时代的另一种笑料，它既不实用，也不好玩。

许知远的这段话表达了他的不安、焦虑和失望，他认为我们之前一直寄予希望的力量正在被强大的历史惯性渐渐吞噬。他悲观地认为"没人能在短期内改变中国现状"，他甚至不知道未来的自己该怎么办——"去做一个看透一切的犬儒主义者，一个不择手段的成功者，随波逐流、放弃个人努力"……

果真如此吗？

北京长城企业战略研究所曾发表了一篇名为《中国科技发展报告》的综合报告，称中国自1990年以来，大陆吸收投资高达2300亿美元，其中最重要的投资领域是制造业。

（1）"中国制造"正当时

2002年，西方世界经济开始衰退，但并未影响我国的外贸出口。相反，凭借质优价廉的商品，"中国制造"遍布全球，中国外贸总值达6000多亿美元。

长江三角洲、珠江三角洲、环渤海湾三大世界级的"制造中心"给中国贴上了名副其实的"中国制造"标签。

摩根士丹利[①]香港分公司的一名经济专家说："中国崛起为一个生产基地对世界造成的影响好似当年美国工业化对世界造成的影响，而且可能还要更大一些。"（见表1-1）

表1-1　"中国制造"的多种表现及影响力

表现	分析
"中国制造"纪录片	美国有一部有关"中国制造"的纪录片风行一时。纪录片中，在中国东南部的一家工厂里，年轻的打工女三班倒地生产一些看起来庸俗不堪的珠子。女工们勤恳工作却不晓得，谁会买这些"难看的东西"。记者给女工们展示了一组照片——一群年轻的美国人正在开派对，他们脖子上、手上戴的珠子，正是她们的"作品"。不同的是，这些在女工们看起来并不太好的珠子，在美国要卖到100美元，这可是一个熟练女工两个月的工资！
温商崛起	一位名为彼得·海勒斯的美国作家，出版了一本名为《寻路中国》的书。他在书中写道："在温州地区的某个镇可以只生产一种商品，而他们生产的商品占据了中国或全球大部分的市场份额：桥头镇的总人口仅有六万四千人，但全镇范围内有三百八十多家工厂，生产的纽扣占到了中国服装行业需求量的百分之七十……这些曾经的农民在销售纽扣的时候，使用的是容量为二十五公斤的大袋子，上面依然标着'大米'或者'面粉'之类的字样，可里面装着的尽是纽扣。"
中国产品全球化	美国《华尔街日报》曾以《世界工厂》为题，对中国产品的全球化进行报道："全球市场现在已经少有什么产品不在中国生产。许多外国制造商发现他们要么必须在中国进行生产，要么必须扩大从中国的购买额。中国成为世界工厂，中国生产的产品数量非常巨大、覆盖范围非常之广，使得中国开始对世界范围内的产品市场构成一种压力，这些产品包括从电视机、手机到蘑菇等各个种类。"
"中国制造"对世界市场的贡献	据不完全统计：近年来，世界市场上30%的空调和电视机产自中国，照相机有50%以上是中国生产，25%的洗衣机和近20%的冰箱产自中国。全欧洲市场上销售的微波炉的40%是中国生产的。世界市场上销售的金属打火机70%产自中国温州。 入世十年来，全世界70%的鞋和玩具，50%以上的个人电脑、手机、彩电、空调以及40%的纺织品，都是"中国制造"。

[①] 摩根士丹利：（Morgan Stanley，NYSE：MS），财经界俗称"大摩"，是一家成立于美国纽约的国际金融服务公司。

通过上表可以看出，距离不再是挡风的墙，"中国制造"凭借低价利刃在全世界所向披靡。尽管其中少不了来自不同国度的充满敌意与醋意的声音，但依然没有什么能够阻挡"中国制造"意气风发的步伐。

对此，美国经济学家给出的答案是：

中国经济迅速崛起，正在改变世界经济的格局。社会学家躲在厚厚的眼镜片后面，语气严肃地说：多少年后，美国的地位将被中国取代，这是个严肃的问题。学生们没这么高深，他们头脑中想的问题无非是就业和挣钱，中国已是他们职业生涯规划中的一部分，或许过不了多久，他们便可以亲身体验在这个国家生活的甘苦。

美国传教士亚瑟·亨·史密斯曾在《中国人的性格》一书中预言：

可以肯定，他们这个民族有此赐予，他们以非凡的活力为背景，一定会有一个伟大的未来。

100年后，他的预言实现了，贴着"中国制造"标签的商品势不可挡地涌向全世界。

（2）当"中国制造"的光环渐渐褪去

不管大小，每一次光环投射下来，总会留下阴影。似乎任谁都无法永远地占据要津。

当我们正在为"中国制造"在全球范围内的战无不胜喝彩时，著名的"8亿件衬衫与一架飞机"[①]论断提醒我们：

- 低成本；
- 低利润；
- 缺乏自主品牌；
- 技术含量低。

---

① "8亿件衬衫与一架飞机"：指生产8亿件衬衣和生产1架飞机的社会必要劳动时间相同。在经济学中指我国主要提供劳动密集型产品，高附加值产品太少。

凭借价格优势，中国产品轻而易举地打破了国外商品苦心经营的市场壁垒，它们在中国的低价商品面前，毫无招架之力，只得灰头土脸地一再退后。

在中国，多种生产要素，如土地、劳动力、矿产资源、能源、人民币等价格明显偏低，这些被低估的资源成为了助力"中国制造"在全球市场所向披靡的"幕后推手"。

然而，问题随之而来：

①低成本是一把双刃剑

一方面，中国企业凭借低价优势在世界市场攻城略地；另一方面，使得中国企业过分沉湎于低价的温床，缺乏创新。

如今，经济环境日益严峻。如劳动力、原材料成本提高，人民币升值。我国企业的经营压力越来越大，终将遭遇一场转型之痛。

而沉溺于低成本的狂欢，终不能治愈种种短板的隐痛，更不足以支撑起一个经济强国。

当积累到一定程度，问题就会扑面而来，彻底打破我们对经济局势过分乐观的想象。

②"中国制造"的水池被经济危机轻轻一抽，就见底了

有人说，2008年的经济危机，不过是"中国制造"的成年礼而已，只是对于大部分中小企业而言，这个成年礼未免太过残酷。

日子远比预期要难过得多。

有人说，原来"中国制造"的水池竟是这样浅，被经济危机轻轻一抽，就见底了！

我们曾以为"中国制造"光环永存，岂料只是一相情愿，理想与想象有时在残酷的现实面前只是纸上谈兵。

2011年，对于"中国制造"而言又是一场生死大战。大量的中国企业，尤其是众多中小企业命运多舛，纷纷抱怨这是他们面临生存压力最大的

年份，从没觉得日子这么难熬。

近几年，随着劳动力红利逐步降低、原材料成本上涨、海外市场萎缩等不利因素加剧，我国中小企业处于产业链低端的劣势逐渐凸显。

明显，中国经济亟须转型，顺利实现从低利润、低成本、缺乏自主品牌、技术含量低到品牌、技术的过渡。

对于经济链条上的任何主体来说，转型都是一场涅槃，稍有不慎，勇士即成烈士。

在这个创富荷尔蒙过剩的年代，日子不再波澜不惊，种种新举措尝试过程中的铤而走险，背后又藏着看不透的玄机。

可以肯定的是，"中国制造"的诱惑力已经越来越低，曾经闪耀的光环已经蒙尘，不再熠熠生辉。

在市场经济"优胜劣汰"中处于劣势的基因，包括快速廉价、批量复制、透支环境等使"中国制造"滑向产业链底端，大批资本因无利可图，被困在薄利的"下坡"模式中无法自拔，欲逃离制造业。许多制造企业叫苦不迭，一副大限已至的悲凉面孔。

在两次金融危机中经历浩劫的"中国制造"，也难掩其光鲜背后流露出的凄苦，看似生机勃勃的表象中隐藏着焦躁不安和难言之隐，甚至弥漫出一股令人痛不欲生的绝望气息。

一切恍如发生在一夜风飘雨落后。

昔日光环，正在褪去。

曾经荣耀，悄然黯淡。

1.1.2 新的共识：中国经济需渐进、改良地前进

☞ **微观新政**

世界经济形势以其独有的逻辑，潜移默化地对每个国家产生或多或

少、或直接或间接的影响。

经济全球化，每个人都有权参与到世界性的竞争中去；

经济一体化，贸易和科技正在消除各种壁垒，在经济上国与国之间没有了国界。

大多数经济危机，都是繁荣过后经济脱轨的结果。

"萧条→繁荣→萧条→繁荣"的周期波动，似乎是任何一个国家在经济发展之路上都难逃的宿命。

实际上，经济危机的源头来自国家的非理性发展、群体的盲目与贪婪。

发展是硬道理，但如果能坚持理性地发展，繁荣兴盛的尽头就未必是萧条。

然而，我们到底需要怎样理性地发展，人们众说纷纭。

可以肯定的是，随着供给侧改革的落地，中国经济的梦想蓝图，越铺越大。

在某个特殊的时期，人们往往觉得理想的国度遥不可及。

女作家苏青[①]曾对张爱玲[②]说过这样一段话："你想，将来到底是不是要有一个理想的国家呢？"

张爱玲说："我想是有的。可是最快最快也要许多年。即使我们看得见的话，也享受不到了，是下一代的世界了。"

苏青一声叹息："那有什么好呢？到那时候已经老了。在太平的世界里，我们变得寄人篱下了吗？"

盛世危言。

[①] 苏青：与张爱玲齐名的海派女作家的代表人物。代表作有长篇小说《结婚十年》，中篇小说《歧途佳人》，散文集《浣锦集》《饮食男女》等。

[②] 张爱玲：旷世才女、中国现代女作家，代表作《金锁记》《倾城之恋》《半生缘》《红玫瑰与白玫瑰》《小团圆》等。

不自在地在欢畅氛围之外游离，突然窜出一股"大煞风景"的味道来。但从现实角度出发，所谓盛世危言并非杞人忧天。

时光这条经历无数跌宕、回流的巨流之河，正激荡出自由、民主、平等、富有等一系列透着光亮的本色。

昔日的争论，如完善社会主义市场经济制度，建立"小康社会"、坚持改革开放、由"中国制造"转型为"中国创造"等话题如今也已成为人们心中的常识。

这个世界，终究在一天天地变得更好。

（1）转型是"中国制造"新出路

无序、混沌、模糊的商业时代渐渐远去。曾经意气风发、红遍全球的"中国制造"，将会以怎样的方式适应全新的经济发展？

——转型，改变低成本生产模式，是"中国制造"的新出路。

毕竟，大部分"中国制造"都几乎没有任何争议地处于微笑曲线的底端（见图1-1）。

图1-1 微笑曲线示意

微笑曲线指的是产业链。如图所示：中间指的是制造能力，左边为研发（创新能力），右边为品牌（市场服务能力）。而"中国制造"处于微笑底端。

英国剑桥大学的彼得·诺兰教授说过这样一句话:

后来居上的工业化国家,不论是19世纪的美国还是20世纪后期的韩国,每个国家都产生了一批具有全球竞争力的企业,中国是唯一一个没有产生这样企业的后来居上者。

"中国制造"使中国有了"世界工厂"的头衔,也一度让竞争对手望而却步。只不过,大部分制造业都是顶着"中国制造"这顶帽子,扮演的却是为他人做嫁衣的角色,和自主品牌不沾边,甚至许多制造业都贴着国际知名商标的标签,从中赚取微薄的加工费。

对于"中国制造"而言,日益严峻的经济环境是一种"不祥趋势"。"中国制造"的最大优势是低价。如今,"中国制造"陷入了发展的瓶颈期——"不提价亏损,提价市场萎缩"的两难境地。

接下来,是安于现状,褪尽光环,还是打破瓶颈,在阵痛中由"中国制造"转型为"中国创造"?

显然,人们不约而同地将目光转向了"中国创造"。

2015年10月1日至2日,美国纽约时代广场(以下简称"时代广场")迎来"中国主题日"——在新中国66周年华诞之际,66个已经走向世界的民族品牌集体在有"世界十字路口"之称的纽约时代广场展示中国品牌的形象与实力(见图1-2、1-3)。

尽管目前看来,"中国制造"的蜕变缺乏脱胎换骨式的质变,大多只是仓促、表面的量变。这在经济学看来是无法逾越的阶段。但中国要在十几年、二十几年乃至几十年的时间里,涌现一大批国际一流的民营大企业,未必不可能。但这需要企业的自我磨砺、转型升级。任何企业从名不见经传的小品牌到走向世界,都是千锤百炼的结果。

"中国制造"不能被动等待世界市场浪潮的磨砺冲刷,而是应勇敢抛弃先前不合时宜的成长路径,打造自主品牌,弥补曾经的短板,积极创新。

唯有如此，未来的路才会越走越宽！

图1-2　66个民族品牌登上世界十字路口官方宣传图示1[①]

图1-3　66个民族品牌登上世界十字路口官方宣传图示2

① 图1-2与图1-3来源：清远传媒网

（2）中国经济需渐进、改良地前进

中国入世多年来，利用自身"后发优势"，娴熟地借力西方现代化，迅速与世界经济接轨。很难想象，如果身处经济夹缝中的中国经济迟迟不改革，供给侧改革不登上历史舞台，我们不知还要走多少弯路，还要自吟自唱多少年，太平盛世的梦想迟早会被"闭关"碾作碎片。

一方面，中国社会需建立良好的社会运行秩序，不断改革，以适应这个波澜起伏的大环境；

另一方面，我们以开放作为转型的关键跳板，使自己置身于全球化的大经济格局中。

① 改革不是理想主义的"一刀切"

中国经济的改革是一个渐进、改良的过程。

暴风骤雨式的变革恐怕难以达到预想的效果。大凡有真知灼见者，都需要更多勇气、智慧，更多耐心、技巧。

事实证明，人们渴望一蹴而就，但"一蹴而就"很难直抵"一劳永逸"的目标。"市场派"一度有过这样的狂热：只要一脚迈进市场大门，一切贫穷问题都可迎刃而解，结果市场的力量也有不足，美好的期盼悄悄于无声中溜走；"计划派"一度有过乌托邦式的设想：只要进行集体式制度改革，我们就能一脚跨入共产主义，结果我们离美好的生活越来越远。

初次以全新的面貌和姿态适应这个世界，前途叵测，人们的本能反应是选择这样的道路必然会遭遇挫折，好比我们在热血沸腾地讨论理想时，总会忘记比任何想象都要复杂的现实情况。哪怕是在某个时间点被证明是板上钉钉的真理与规律，我们在实践中运用时，依然会遭遇被人唾弃的颠沛，甚至会自我圈禁，为自己戴上不明所以的锁链。

时局急转直下的时刻寥寥无几，某个重大新政策落地后，局面也未必立刻豁然开朗。一切改革，皆以中国经济循序渐进的改良为前提。否

则,就算内心再坚强,方向再正确,过去那种理想主义的"一刀切"也会让我们再次陷入"目标过于远大,身后无人追随"的落寞中。

② 新的共识无需考验:中国经济不转型只能是死路一条

很多历史真相,往往需要经过一段时间的沉淀,才会更为清晰地显现。

然而,"中国经济不转型只能是死路一条"的共识,无需等待历史考验。

它的正确性正时刻被中国经济翻天覆地的变化证明。

也恰恰因为我们从容地融合各类思想火花,并达成新的共识,才使今天的中国走上了一条正确的前进道路——供给侧改革。

关于未来的中国经济,需要我国政府及人民,于时间的长河中辛勤耕耘!

1.1.3 困境惊梦:如何挖掘新常态下经济增长内核

☞ **微观新政**

目前,我国经济发展逐步进入一个"新常态"——外需不足、内需回暖、房地产结构得到调整,经济增长空间相对平衡,但随着经济增长各项指标下降,经济下行压力加剧。

我们再次被困境惊醒:在未来,中国该如何挖掘新常态下新的经济增长点?

在新常态下,我国经济难免会面临风险、遭遇困难。

或许,机遇与挑战总是并存。

经过几十年的高速发展,我国成为了世界上数一数二的经济大国。然而,这种高速发展的背后却隐藏了深层次的结构性问题。

当前的内外环境和现状,要求我国必须进行经济的转型升级,这样才能成为名副其实的经济强国。

让内生动力成为新常态下的经济增长内核

在拉动经济发展的"三驾马车(投资、消费、出口)"中,投资对GDP的推动功能日益减弱,出口导向的驱动模式又受到来自全球市场竞争的威胁(见表1-2)。

表1-2 2000—2013年三驾马车占GDP比重情况(单位:亿元、%)①

	投资比重%	零售比重%	顺差比重%	经济规模
2000	33.18	39.42	2.01	99215
2005	48.00	36.32	4.53	184937
2006	50.85	35.32	6.57	216314
2007	51.66	33.56	7.62	265810
2008	55.03	36.56	6.64	314045
2009	65.96	38.96	3.94	340903
2010	69.32	39.13	3.07	401513
2011	65.96	39.00	2.5	473104
2012	72.13	40.48	2.80	519470
2013	78.60	41.81	2.83	568845

目前看来,我国应全力推进产业结构的优化升级,立足于国内消费市场,让内生动力成为新常态下的经济增长内核。

①经济增长的主要驱动力:创新

制约我国经济转型升级和持续发展的重要因素之一,就是缺乏核心技术创新能力。

尽管我国在论文产出、科研支出方面已经处于世界前列,经济总量也在不断提升,但科学技术还远未成为第一生产力,传统机制、体制严重限制了科研创新向实体经济领域的过渡。

---

① 数据来源:网易财经

在"互联网+"的经济新常态下,创新将成为我国从"Made in China(中国制造)"转向"Created in China(中国创造)"的关键,也是传统产业优化升级、新兴产业培育发展、经济增长的主要驱动力。

具体而言,创新能力的提升主要包括以下三条路径(见表1-3)。

表1-3 创新能力提升的三条路径

"中国创造"创新能力的提升	
路径	分析
激活创新积极性	通过政策扶持、财政优惠等措施,构建企业内部的创新文化和驱动机制,激活企业创新的积极性。
完善创新体系	完善创新的投资、融资体系,为企业(尤其是中小企业)的科技创新提供更多的渠道、资金、政策支持,鼓励更多企业尝试创新。
保护创新成果	加强对创新成果的扶持、保护,如加强知识产权保护,使创新能够真正转化为市场效益,使创新人才能够得到应有的回报,激发人们的创新意愿。

②优化投资和消费结构

我国经济历经三十多年的高速发展,以往不合理的大规模基础投入,使产能过剩问题越来越严峻。同时,经济总量已成长为世界第二,为接下来的转型升级奠定了坚实的物质基础。

未来几年,我国政府一方面要注重对国内消费市场的培养和挖掘,使消费成为经济发展的重要驱动力,另一方面要更加关注与人们生活密切相关的民生领域,优化收入分配结构、完善社会保障体系、改变投资方向。

③优化产业结构

推动传统制造产业的优化升级,如加快产业现代化,增强农业生产力,确保国家粮食安全和农产品供给,提高资源能源利用率,转变粗放型增长方式等等。大力发展新兴产业,通过新一轮信息技术革命,助力我国从制造大国转型成为创新强国。

另外,挖掘、培植国内消费市场的主要渠道。未来经济发展的最重要驱动力量将是服务业,为此,政府在推动经济转型升级时,应更加重视国内服务业的优化,以平衡产业结构,实现整体经济的良性运行和协调发展。

"中国制造"加入世贸组织后,如涓涓细流终于汇入全球化的浩瀚海洋中,并给自己和世界创造了新生的机会!

1.1.4 "调结构"之重:取得战役胜利不可能一蹴而就

☞ **微观新政**

随着贫富分化增大、政治体制改革不断深入,经济改革"知难行更难"。这甚至与政治本身的敏感度密不可分。

由于"政治"在中国社会领域涉及广泛,对于经济体制改革,有些人难免顾虑重重,认为一旦开始大刀阔斧地改革,势必会影响经济稳定,导致社会动荡。

尽管经济改革显得力度不足,在某些方面相对滞后——这也是此次供给侧改革面临的"调结构"之重。

在这个世界上,从来就没有"一刀切下去"就能一劳永逸的改革政策,更不存在药到病除的灵丹妙药。中国的经济体制改革任重道远,且问题复杂,任务繁重,在改革过程中不乏一些尚待解决的顽疾。

这是一个新贵崛起的时代,也是一个不断推陈出新的时代。正如亚当·斯密在《国富论》中提到的,每个人都力图用好他的资本,使其产出能实现最大的价值。然而,在实践的过程中,却总有一只看不到的手在引导着他去实现其他目标,尽管该目标并非是他的本意。

于是,旧疾未愈,新患又生。

或许,每一处疾患的复发,从来就不是偶然。

成长的琐碎中，总是不经意透露着难以言说的波澜壮阔。

然而，无论经过多少次颠沛流离，时代洪流都不会停止奔腾的脚步，万千河流终将汇向大海。

（1）万千河流汇入大海的过程，从来不是那么容易

诺贝尔化学奖得主比利时化学家、物理学家伊利亚·普里戈金（I.Prigogine）教授提出了"耗散结构理论"，该理论认为在一个封闭系统中，有效能量会越来越少。为了维持正常的系统运行，社会和生物结构都必须产生于一个开放的系统，以与周围的介质进行物质和能量交换。

个体生命如此，国家更是如此，只有让人民呼吸到自由、新鲜、幸福的空气，国家才会焕发出生机和活力。

近几年，中国搭着全球化的快车，对外，以开放的姿态从容面对；对内，以更理性、宽容的态度欢迎从历史侧翼进入的民营经济。长期以来，民营经济逐渐被边缘化，政府为使民营经济拥有更多的发展空间，来自政治上的包容则显得意义重大。

然而，全球化带来的急遽改变，民营经济毫无禁忌略带嚣张的成长态势，让我们出现控制上的无力感。

"中国制造"在全球化征程中经历的种种磨难证明：仅仅以张开双臂的姿态迎接经济改革还远远不够，我们还需打破各种转型瓶颈，不断蜕变，完成跳跃。如此才能应对后续的"调结构"之重。

奥地利著名作家、小说家、传记作家斯蒂芬·茨威格在《昨日的世界》中预言：

过去的一切又全完了，一切业绩化为乌有。不同的是，一个新的时代开始了，但是要达到这个新时代，还要经过多少地狱和炼狱。

万千河流汇入大海的过程，从来不是那么容易，这需要我们在具体的改革中不断探索、磨合。

(2) 转型之战不能一蹴而就

习近平在中央经济工作会议中提出的"供给侧改革",主要包括五大任务——去产能、去库存、去杠杆、降成本、补短板。很明显,这些任务都可以划入广义的"调结构"范畴,同时也说明结构性改革已经成为我国经济政策的头等问题。

为了"调结构",供给侧改革提出了一些很有新意的具体措施,例如,通过整合化解产能过剩的问题,这其实是在缓解"僵尸企业"造成的问题;加快居民城镇化,培育消费市场,化解房地产的库存压力,这既是民生改革也是经济结构改革的一部分。

当然,转型之战不可能一蹴而就。这些措施知易行难,更依赖我国整体经济制度环境的改善。

①正确理解"稳增长"与"调结构"的关系

国际经济形势在发生巨变,增长放缓,中国经济进入新常态。但多年来我国经济转型面临的根本矛盾和问题并未改变(或者说尚未真正解决)——长期以来过度依赖投资,储蓄率过高,无论从需求侧还是供给侧考虑,目标都相当一致,即把经济增长的主要动力从过度投资转变为市场消费以及企业的投资与创新能力。

为此,从宏观来看,"稳增长"的目标排在"调结构"之前。但"调结构"更应看做是"稳增长"的基础条件——实现经济增长本身不是最终目标,民众生活在健康的经济增长中得到改善才是终极目的,只有把经济结构理顺了,未来的中国经济增长才有稳固的根基,哪怕要历经一段较为漫长的慢增长。

②减税是实现经济转型的重要路径

实现经济转型的一个重要路径是减税[①]。根据中央工作会议的精神,

[①] 减税:又称税收减征,是按照税收法律、法规减除纳税义务人一部分应纳税款。

未来减税会从三个方面入手（见表1-4）。

表1-4 实施"减税"的三个方面

实施"减税"的三个方面	
要点	分析
清费立税	把收费规范化、透明化，从而在根本上以税收法治来免除企业经营和投资的后顾之忧，减轻企业的负担。
降低税率	主要是降低一些具体税种的税率。
降低社会保险费	把个人和企业承担的各种社保费用精简化并统一管理——在这个过程中，为了确保社会保障保持在应有的水平，应尽快找到以国有资产充实社保的具体路径。

与此同时，我们应该清楚地看到，减税只是"调结构"的手段之一。我国供给侧改革的意义所在不仅包括减税，更包括一系列综合性的市场化改革，以从根本上改变中国经济"不平衡、不协调、不可持续"的局面。

③渐进式改革，不可能一蹴而就

经济学家张维迎[①]说：

市场决策和政治决策有什么不同？比如在一个团体中，有300人想去吃饭，市场决策就是每个人自己选择，想吃什么就去买什么，这样每个人的偏好都能得到满足。而政治决策，就是大家必须吃一样的东西，民主政治就好比大家通过投票来决定是吃肉还是吃鱼。50%以上的说吃肉就必须吃肉，你不想吃肉也不行，所以民主是迫不得已的办法。如果一个国家在确立好的产权制度之前，在政府还控制大量资源的时候，以为民主能解决好问题，就搞选举民主，很容易把原本交给市场解决的决策交给政府，不仅导致效率损失，而且还会滋生严重的腐败。所以，我们应该首先界定好市场与政府的作用范围，尽可能把选择权交给市场。

随着我国经济体制改革的落地，原有政治体制的不适应性愈加明显。

---

① 张维迎：北京大学国家发展研究院（前身北京大学中国经济研究中心）联合创始人、教授、北京大学网络经济研究中心主任。

中国自改革开放以来,走的改革路径是"先易后难、先外围后中心、先微观后宏观的不断取得突破性进展的不可逆进程"。

对此,弗里德里奇·哈耶克[①]在《致命的自负》中写道:

国家这一强制性力量与过去的部落方式最大的不同,是它没有必要再为整个共同体制定统一的目标并集中财富去实现这一目标,而只需把自己的功能限制在提供公共安全和保障产权与公正规则的实施上……

其看法对我们有一定借鉴意义。

当然,国际形势波诡云谲,未来的经济环境会更加复杂,我们在这场转型中要处理好各种矛盾,包括对"僵尸企业"按照市场规律实行破产或重整,减税和适度增加财政开支等等。

总之,转型是一场持久性的战役,要取得最后的胜利不可能一蹴而就。

1.2 "供给侧改革"的时光轴:供给学派诞生

1.2.1 亚当·斯密论:政府只是经济发展的"守夜人"

☞ **微观新政**

经济学的创立者、著名古典经济学家亚当·斯密(Adam Smith),早在现代经济发展之初,就曾指出劳动、资本等"供给侧"因素对经济增长的驱动作用,其强调政府只是经济发展的"守夜人",应避免对具体经济活动的干预,最大限度地发挥市场这只"看不见的手"对资源、要素和产品的优化配置功能。

法国的让·巴蒂斯特·萨伊(Jean Baptiste Say)之后将亚当·斯

[①] 弗里德里奇·哈耶克:(1899–1992) Friedrich August Hayek,奥地利裔英国经济学家,新自由主义的代表人物,于1974年获得诺贝尔经济学奖。

密的经济学思想梳理到通俗化、系统化，并且进一步发展了供给管理理论，提出了著名的"萨伊定律"，其认为"供给自动创造需求"，强调供给端要素对经济发展的驱动作用。

但是，由于当时市场调节的滞后性和盲目性等因素，导致西方国家在20世纪30年代爆发了严重的经济危机。

在这样的背景下，后来的凯恩斯经济学才登上了历史的舞台。

可以说，亚当·斯密是"供给侧"这一经济学思想的鼻祖。

亚当·斯密的"供给侧"思想强调政府的宏观调控和干预，认为经济危机的根源来自需求不足，应该实行以需求管理为核心的经济政策。

后来，随着罗斯福新政的成功，奠定了需求管理这一思想在经济学理论和实践中的主导地位。

"供给侧"经济学思想之思

具体来看，于20世纪70年代兴起的供给学派对"供给侧"经济学思想的反思主要包括以下4个方面：

①降低税收收入

从短期来看，提高赋税能够快速地增加财政收入；但从中长期来看，过高的税负水平则会严重地抑制企业、生产者的投资和创造积极性，从而导致经济发展疲软，最终反而会适得其反降低税收收入。

②导致"供需错位"

供给学派认为，长期实行需求管理政策导致了市场中的"供需错位"：也就是市场上"劣等"商品供给过剩，而真正能够满足人们需求的新供给能力不足。因此，可以说经济发展问题的根源不在于总需求不足，而在于能够创造新需求的新供给能力不足。

③并非只根据需求进行生产

企业并不需要像需求管理理论所认为的那样，只是一味根据市场需求进行产品生产；能够主动创造新供给，通过新供给激发市场的新需求，并以此推动经济发展，更应是企业立足未来的战略方针。

④ 西方国家经济发展并非只因"供给侧"

供给学派认为，经济增长主要源于供给创造能力和社会生产力水平的提高。如果从这个角度来讲，战后西方国家的经济发展规律，其实并非来自"供给侧"经济学的需求管理政策，而是技术进步所推动的供给能力和生产率的提高所决定的。

供给学派对于需求管理政策造成的发展问题，提出了围绕供给侧的宏观调控政策，即"四减四促"（见表1-5）。

表1-5 供给学派提出的宏观调控政策

"四减四促"	
要点	分析
"四减"	通过减税、减管制、减垄断、减货币发行，解除"供给约束"和"供给抑制"，增强总供给能力。
"四促"	通过促进私有化、促进市场竞争、促进企业家的能动性和创造性，以及促进技术创新和知识资本投入，激发市场活力，创造新供给、释放新需求。

在实践中，无论是里根政府推行的"经济复兴计划"，还是英国撒切尔政府的经济政策，都是以供给学派的思想为主要理论根基，并且都取得了不俗的成绩，从而也促进和推动了供给学派思想的广泛传播（见图1-4）。

即便是供给学派首次提出了鲜明的供给管理政策，并且在理论和实践层面扩展了供给管理思想的影响力，却并不意味着供给管理的经济学思想始于供给学派。

西方国家上世纪70年代的滞胀危机，就是由于一味奉行需求管理政策的凯恩斯经济学造成的。由此，经济学界在反思以往需求管理政策的基础上，又形成了强调供给管理的如发展经济学、新制度经济学、人本发展理论等诸多经济学理论和学派。尽管这些理论和学派的侧重点不尽相同,但毫无例外都十分重视供给侧要素(人口、技术、资本、制度、管理等)的作用,且注重从供给管理的角度解决经济发展问题。

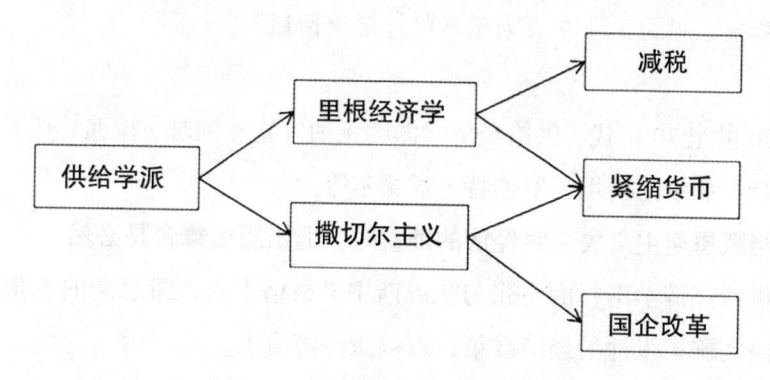

图 1-4　供给学派的主要政策概览

纵观经济发展历史,是现代经济学催生了供给管理思想,使之得到发展,并一度成为经济发展中的主流调控思路和政策依据。

1.2.2 凯恩斯主义:难解结构性危机,退出历史舞台未必是悲剧

☞ **微观新政**

凯恩斯主义带给我们的教训多于经验。

日本在面对20世纪六七十年代大规模顺差和升值压力时,本应立刻主动进行政策调整,但由于彼时的日本社会普遍心态膨胀,对日本经济过于自信,尤其是以国家领导人为代表的政策决策群体,对外面的意见视而不见,最终由于政策调整的严重延迟,导致无力应付国内市场运行和国际政治的双重压力,只能做出被动性调整。

日本中央银行前副行长绪方四十郎说:"而那之后,我们其他的经济政策调整(如紧缩货币政策),实际上仍然是一个个地被耽误。"

而德国在广场协议之后，在马克升值了36%的情况下，却并没有开展大规模刺激政策。时任联邦德国经济发展专家委员会主席的施奈德教授给出的理由是"对于解决失业问题，凯恩斯的需求管理政策可以在短期内奏效，但是无法在长期根本性地解决问题"。

20世纪70年代，供给经济学派的领袖人物有阿瑟·拉弗、马丁·斯图亚特·菲尔德斯坦、罗伯特·孟德尔等。

当凯恩斯主义失去对经济的助益时，退出历史舞台是必然

供给经济学奉行的主张与凯恩斯主义格格不入，凯恩斯的主张是要求政府实施扩张性的经济政策，以刺激经济需求。

凯恩斯主义之所以曾受到美国政府的极度重视，正是因为其主张进行国家干预，如此就能够为政府使用自己的权力提供足够大的空间。

而在20世纪70年代，当凯恩斯主义对经济发展助益微弱时，供给经济学顺应时代的要求应运而生。

但是，即便已经过去了50多年，凯恩斯主义却始终没有完全销声匿迹。

对此，凯恩斯曾发表过的观点可以用来解释，他认为，"In the long run, we are all dead"（从长期来说，我们都已经死了）。

虽然凯恩斯的主张有其时间局限性，但在一定的时期内，确实发挥了很大的作用。

所以，尽管凯恩斯主义饱受争议，但仍然不妨碍很多政治家以各种各样的形式来采用它。

① 罗斯福新政与凯恩斯主义

经济危机出现之后，凯恩斯希望时任美国总统的罗斯福能够实施他的主张——刺激经济需求。凯恩斯曾为此专门在《纽约时报》发表过给罗斯福的公开信，在1934年其与罗斯福终于见面。而罗斯福在改革经济的过程中，确实采用过凯恩斯的提议，但是，在其主张还未真正产生影响之时，第二次世界大战爆发了。

罗斯福新政的一个重要组成部分就是《国家工业复兴法》，该项法案体现了国家对经济的干预。该项法案针对当时企业产能过剩的解决方法是：严格按照规定约束企业的生产规模、市场价格以及分配，且在确保工人薪资水平的情况下将工人的工作时间限定在一定范围。与此同时，罗斯福新政还强调政府的监督作用，其中典型代表《Q条例》的推出，使政府拥有了管制利率的权力。

二战爆发后的美国经济形势呈现出了新的时代特点。由于政府加强了对经济的把控，市场的调节作用迅速降低，导致很多企业向军工方向发展。二战之后，美国参加了一系列战争，比如朝鲜战争和越南战争。这些都对美国的经济产生了重大影响，在市场本身的作用得不到恢复的情况下，最终引发了美国严重的财政赤字。

1973年，随着中东战争的爆发，造成石油资源短缺，石油价格迅速提高，即出现供给通货膨胀。由此，美国出现了严重的经济滞胀问题，这个问题使很多经济学家迷惑不已，因为如果以经济学中的菲利普斯曲线来分析，失业率会随着通货膨胀率的上升而下降，但当时的实际情况却是，随着通货膨胀率的上升，失业率也同时在持续攀高。此时，凯恩斯主义在这种情况下已不再适用。

此外，随着美国政府不断加强经济管控，实体经济面临的压力也越来越大。20世纪80年代，美国政府在经济管控上消耗的成本约相当于现在的8000亿美元，这个数字意味着美国平均每个家庭需要上缴4000美元的税费。

② 卡特与凯恩斯主义

1977年，卡特就任美国第三十九届总统，在他任职期间美国的经济持续走低。会出现这样的状况，完全是因为卡特还在继续实施凯恩斯主义以期恢复经济。当时，美国的经济问题出现在供给短缺上，凯恩斯主义的重点刺激需求刚好与之背道而驰。因此，卡特实施的政策不但没有促进美国的经济发展，反而加剧了经济危机。

同时，这个时期的美国政府在政策实施方面也犹疑不决、摇摆不定，时而实行宽松的货币政策，时而又实施货币紧缩，这更加导致美国经济寸步难行。

卡特之后，继任的美国第四十届总统里根，决定彻底弃用凯恩斯主义。他认识到，当旧的经济发展方式[①]不能适应时代潮流时，适时地退出历史舞台未必是悲剧。

我国经济学家吴敬琏指出的旧发展方式的弊端印证了卡特的决定是正确的：

在宏观经济层面上，主要体现为内外两方面的失衡。所谓内部失衡，主要是指投资与消费之间的失衡。我国这些年的投资率不断攀升，目前固定资产投资占GDP的比重已经大大高于多数国家的平均水平。在投资率畸高的同时，我国居民消费的比重却在下降。这种状况会造成最终消费不足，劳动者生活水平提高过慢，居民间收入差距拉大，消费品市场销售疲软，企业财务状况恶化等消极后果。所谓外部失衡，主要是指由低附加价值产品出口形成的高额国际贸易顺差和高额国际收支盈余，以及国家外汇储备的大量积累，由此造成中国对外经济溢利下降、人民币升值压力增加，与国际贸易伙伴的贸易摩擦加剧。[②]

当某种观点或理论对当时经济发展再无更多助益时，也是时候把权杖交给后来者，退出历史舞台了。

---

① 旧的经济发展方式：指的是过度追求增长速度，忽视效益，经济增长方式过度依赖投资和出口。
② 吴敬琏《做好加快经济发展方式转变》载入《学习月刊》2010年第8期。

1.2.3 供给经济学：与中国经济"供给错位"难题的不解之缘

☞ **微观新政**

经济发展与供求关系的变化息息相关。

以美国20世纪70年代的经济危机为例。

凯恩斯主张通过政府刺激来拉动经济需求，但供给学派持不同的观点，他们认为，问题的根源出在供给侧，是企业在没有了解市场需求的情况下盲目生产造成的。

所以，供给学派认为通过拉动需求来恢复经济是行不通的。

之所以会出现供给不足的情况，很可能是由于政府监管太严致使企业无法创新，也可能是由于企业承担了过多的税费而导致供给跟不上造成的。

供给经济学体现出了对古典经济学的倡导与复兴。

供给经济学问世

著名的经济学家萨伊早在19世纪前期就曾发表观点，他认为，通常情况下，生产过剩的现象是不会出现的，就业不足的问题也无从谈起，因为供给与需求是相互适应而发展的。

此观点也就是"萨依定律"。即市场自身是具备调节性的，如果企业不盲目生产，就不可能出现产能过剩的情况。

①古典学派与供给学派

古典经济学派的领袖们也曾有过类似的观点，他们认为：生产的目的就是销售或者消费，经营者销售的目的是为了获得对他有价值的东西或者促进再生产。因而，生产者如果不直接消费自己的商品，也是其他商品的消费者。

②减税理论与供给学派

围绕拉弗曲线的减税理论是供给学派理论中最重要的组成部分。而单从理念层面上来说，供给学派奉行的是自由竞争及企业家精神，其更强调市场的作用。该学派认为，企业的创新与持续性的供给会带来相应的市场需求，例如现在的苹果公司。

③供给经济学与中国经济遇到的新问题："供需错位"

如今，对于中国供给学派的经济专家来说，"供需错位"即"供给不足"和"需求不足"，已经成为中国经济持续增长的最大障碍。

比如，一些高端制造业供给严重不足，中西部和一些农村地区的基础设施同样供给严重不足。

当下一些人为了购买到满意的产品，甚至远赴海外，如此短缺显然不可能依靠凯恩斯主义从需求端去解决。

目前的中国，一方面是存在供给不足的问题，另一方面国内的传统工业又存在产能严重过剩的问题，连续43个月负增长的PPI指数[①]表明，产需不匹配才是产能过剩的根本原因，这种产能过剩的问题也不可能凭凯恩斯主义从需求端解决。

以供给学派的主张来看，"供需错位"的问题要在供给端寻找解决的方法，而非依靠需求管理政策。

供给经济学的关键也在于怎样使供给与需求更加匹配。

供给学派的代表性人物认为：最重要的方法便是实施鼓励政策。

这种政策可以包括两个方面，一方面是政府放松对企业的监管力度，以推动企业创新；另一方面是通过减少对企业的税收，使员工及企业家们更卖力投入到工作中。而减少税收不仅能提高相关人员和组织的工作积极性，更能有效增加资本积累，进而大幅提高企业的生产率。

---

① PPI指数：（Producer Price Index——PPI）生产价格指数，是反映某一时期生产领域价格变动情况的重要经济指标。

1.2.4 不可复制的成功:"里根经济学"变革

☞ **微观新政**

里根与罗斯福被美国舆论界称为"二十世纪最伟大的美国总统"。

美国资深历史学家 Michael Ledeen 曾发表观点:华盛顿、林肯、罗斯福、里根这四位美国总统不仅改变了美国,还对整个世界产生了重要的影响。

对于里根,奥巴马也曾表示:里根在任期间,使美国的发展道路发生了彻底的变革,所以,他的成就要高于尼克松与克林顿。

美国的经济发展在里根竞选总统成功之时,受到几个问题的阻挠:财政赤字严重;政府的监管力度太大;税率居高不下;通货膨胀。

在1981年召开的国会上里根表示:国家的发展,离不开在工厂工作的员工、生产粮食的农民、销售商品的店员所做的贡献,但政府却通过税收降低了他们的工作积极性,因而,通过高税率的税收来监管经济发展的做法是不科学的,历任总统也曾实践过,并没有取得理想的效果。

里根上任之后,当时的美国人把挽救美国经济的希望都寄托在新任总统身上。里根在1981年美国的内阁会议上明确表示,他不支持政府实行高税率的税收,不支持政府对经济进行过多的管控与干预。

里根在上任后的第一次国会演讲上,就经济预算问题表达了自己的观点:要改善国内经济,第一步要做的就是控制政府的财政支持;接下来要做的是降低税率,提高人们的工作积极性;第三步是恢复市场的作用;第四步是由政府相关部分与财政机构合作,推出科学的货币政策,缓解通货膨胀等等。

里根经济学的关键部分就是这些内容共同构成的。

供给经济学在诞生及发展初期,是不被大多数人认可的。

美国前总统老布什就曾将其称作"巫术经济学",并以此来反驳里根的观点。

供给经济学中的拉弗曲线是其不被认可的直接原因。拉弗曲线理论认为,政府的财政收入能够随着利率的降低而升高,这在当时听起来简直就是天方夜谭。

美国前国防部长拉姆斯菲尔德对这个理论表示震惊,因为按照该理论来计算,若税率为100%,政府就将得不到任何财政收入,而这是难以想象的。

但是后来,里根正是遵循此理论实施了减税政策。并且在里根的坚持下,供给经济学逐渐得到了认可。

里根以供给经济学来指导其进行的改革,是具备一定必然性的。最早他在就职演说中就发表过有针对性的观点。他认为,美国在当时面临严重的危机,但政府却解决不了,这就是需要去改进的问题。

(1)"里根经济学"诞生

税收过重使企业获得利润的同时需要承担巨大的税负,而这会降低人们的工作积极性。里根强调要让市场发挥重要的调节作用,这是里根在担任总统期间能够取得辉煌业绩的主要原因。单从此点可以看出,里根实施的政策与供给经济学有异曲同工之处,而里根坚持的经济理论后被称为"里根经济学"。

① 理论来源

"里根经济学"的理论来源出自供给学派与货币主义学派。供给学派建议政府实施减税政策,增加市场供给规模;货币主义学派则认为,货币发行量过多,会出现价格膨胀的现象。供给学派与货币主义学派都强调市场的作用,并且注重自由竞争的精神。

② 现实困境

里根在实行自己的改革期间遭遇了诸多困难:

首先，供给经济学在美国没有得到广泛的认可，加之当时的拉弗名望也不高，所以很多经济学人士并不支持改革；

另外，改革遭到了国会的强烈反对，因为财政入不敷出，议员们纷纷反对降低税率，里根为了使改革顺利进行，只能通过电话亲自说服各个议员。

并且，改革不可能在短时间内见效，而且，一旦改革政策实施后，经济发展必然会在一段时间内呈现出下降的趋势。这些困难都需要里根及其团队去逐一克服。

③里根变革

里根在上任之后，义无反顾地降低了税率，并且将个人最高税和企业所得税分别下调了42个百分点和13个百分点。

然而，该政策在实施后的短期内并没有发挥明显的效果，因为在短期内扩大税基是不可能的。这也就意味着，在短期内可能会加剧财政赤字的危机。

因此，很多人认为里根的改革根本行不通，时任总统经济顾问委员会主席的费尔德斯坦认为"里根是在自欺欺人"，里根随即解除了他的职务。

尽管得不到多数人的赞同，国会也不支持，甚至经济发展还出现了下降趋势，但里根最终还是坚持了下来。他从未对自己的观念有过丝毫动摇，且认为：降低税率、放松政府管制，就能够提高人们的工作积极性，进而推动整体经济发展。

里根在正确判断和科学决断的基础上，始终坚持改革与政策的实施，最终帮助美国挺过了最艰难的经济危机，实现了经济的高速发展。

在其当政期间，政府的财政收入在10年的时间里成功实现了翻倍增长。

（2）"里根经济学"的成功，中国能复制吗？

中国自1978年实施改革开放以来，取得了巨大的成就，市场在其发展过程中发挥了重要的作用。

不可否认，政府曾对经济的发展进行过过度的干预，并且一定时期内国内的经济发展对投资的依赖过高，如今，这些措施的副作用已经开始逐渐显现。

对此，在十八届三中全会时中央就强调要恢复市场的主导作用。而供给侧改革正是在科学判断国内经济发展形势的基础上才提出来的。

需求不够并非是当前国内的唯一经济问题，例如：虽然我国出现了产能过剩的现象，但海淘却遭到国人疯狂追捧；虽然中国的奶粉企业发展不畅，但澳大利亚等国家的奶粉在中国市场却供不应求。

因此，只有对供给侧的结构进行改革，才能从根本上解决国内的经济问题。

目前我国普遍存在的经济问题是：

- 资源配置效率低下；
- 企业盲目进行发展；
- 政府干预过多，对企业创新形成阻碍，导致供给与需求不匹配；
- 在供给方面，低端供给远远超过需求，高端供给无法满足市场需求，与市场发展状况不符。

马云曾就供给经济学发表过自己的看法，他认为：

中国实施改革开放后，政府通过投资基础建设、增加出口来推动经济发展，加速资本流动。企业通过创新带动消费者需求。如今经济形势发生新的变化，要进行相应的思维变革，为企业家发挥作用提供充分的空间，通过带动消费促进经济的持续性发展。

当前中国国内的经济形势稍显滞涨，且陷入某种困境，仅靠货币和财政政策来刺激需求和保持经济增长已成强弩之末，而国内当前的经济局势与当年里根面对的经济大环境颇为相似。

这也正是供给学派思想和"供给侧改革"能在中国引起领导层高度

关注的宏观背景。

但是，里根经济学的成功，在中国能复制吗？

解答这一问题，我们首先要了解"供给端管理"的核心思想是什么（见表1-6）。

表1-6 "供给端管理"的核心思想

"供给端管理"的核心思想	
要点	分析
简政放权	让市场机制起到应有的作用，主要依靠市场来调节有效供给，梳理要素市场，最终激活有效需要。
减税让利	使企业提升盈利能力，最终达到增加就业和居民收入的目的。
减少政府赤字，稳定货币供给	让经济在一个低通货膨胀率的环境中复苏。

以上三点可以说都切中了中国当前经济的时弊，这也是我国实施"供给侧改革"的主要目的。

供给经济学并不会像凯恩斯主义那样在短期内即发挥作用，它需要通过降低税率、改革经济结构、放松政府管控等一列政策的实施来推进。而改革者只有在实施改革的过程中始终以大局为重，立足长远，胸怀强大的信念克服重重困难，方能成功。

第2章 横空出世：释放中国新经济红利的"供给侧改革"

2.1 究竟何为"供给侧改革"

2.1.1 经济新政"供给侧改革"：新的赚钱手段还是阴谋诡计？

☞ **微观新政**

中国经济正以超乎想象的速度一路狂奔。中国的经济报表让很多国外经济学家大跌眼镜。

意见相悖者之间的唇枪舌剑如同一场永远没有尽头的拉锯战，他们"势不两立"，无意中却也有共识——日益加大的贫富差距正吞噬着人们的幸福感以及社会稳定。

光影斑驳交织的物质生活品质，"谁说我不在乎"的尊严，琥珀色的梦想……一切在无声无息中编织着幸福的模样，无论缺少哪一个，幸福都会残缺。

当越来越多的人抛出民富与国富的问题，我们也渐渐从宏大的情绪中回过神来，将思绪从赞叹中国经济生命力旺盛中拉回，开始反思：在当前的宏观经济背景下，有没有一种新政策能够拯救离我们渐行渐远的幸福感，我们该以怎样的基调书写自己的微观人生？

当前，我国的消费品供需结构已经严重失衡：
- 中低端产品（如衣服、鞋帽、玩具等）供给严重过剩，市场陷入价格战的恶性循环；

- 高品质消费品的生产能力远远无法满足日益增长的国民需求。

"供需错位"严重制约了我国经济可持续发展的能力。原因是:

第一,产能过剩的企业、行业,占据着国内生产的大量资源;

第二,企业不能高效利用过剩的资源,导致资源大量闲置、浪费。

这导致新经济发展主体对人力、资金、土地等必要资源的获取成本大大提升,十分不利于我国经济发展的创新和结构性调整。

正是针对这一制约经济发展的关键瓶颈,2015 年 11 月 10 日上午,中央财经领导小组召开第十一次会议,研究我国经济的结构性改革问题。习近平主席在会上提出:"在适度扩大总需求的同时,着力加强供给侧结构性改革,着力提高供给体系质量和效率,增强经济持续增长动力,推动我国社会生产力水平实现整体跃升。"

由此,"供给侧改革"五个字迅速走入人们的视野,同时也彰显出了政府高层对当前中国经济形势的判断和治理思路。

全面认知"供给侧改革"

自建国后,我国政府根据国内经济发展的实际情况,先后提出了计划经济体制[1]和市场经济[2]改革,从宏观层面指引了国民经济发展。

在"互联网+"时代的经济新常态下,供给侧改革应运而生。

如何正确理解供给侧改革?(见图 2-1)

众所周知,拉动经济增长的"三驾马车"是投资、消费、出口,这也是"需求侧"的三大需求。(关于"需求侧",后面章节有详细讲述。)

与"需求侧"对应的就是"供给侧",即生产要素的供给和有效利用。

---

[1] 计划经济体制:计划经济(Command economy),或计划经济体制,又称指令型经济,在这种体系下,国家在生产、资源分配以及产品消费各方面,都是由政府或财团事先进行计划。

[2] 市场经济:又称为自由市场经济或自由企业经济,在这种体系下产品和服务的生产及销售完全由自由市场的自由价格机制所引导,而不是像计划经济一般由国家所引导。

供给侧改革
▶▶▶——中国经济夹缝中的制度重构

"供给侧改革"到底是什么？

简单地说：
　　就是一种新的让经济增长的方式。
　　具体是这样的……

以前的经济
"三驾马车" ➡

政府这样做
"刺激政策" ➡ 货币政策&财政政策

需求侧

比如：降息，钱存银行拿到的利息更少了，一定程度上促进消费。

以后的经济
"提高生产能力" ➡

政府这样做
"政策手段" ➡ 简政放权 / 放松管制 / 金融改革 / 国企改革 / 土地改革 / 提高创新

供给侧

比如：企业减税，企业减少了不必要的成本，就有更多资金创新、提高生产力，能够供给的产品更多、质量更好从而刺激消费。

（参考资料：新华网、每日经济新闻、央视新闻等。）

图 2-1　如何正确理解供给侧改革[①]

---

① 图片来源：中金在线

所谓"供给侧改革",就是从供给、生产端入手,通过解放生产力,提升竞争力促进经济发展。具体而言,就是要求清理僵尸企业,淘汰落后产能,将发展方向锁定新兴领域、创新领域,创造新的经济增长点。

举个简单的例子,近几年 iPhone 手机在中国市场走俏,一来说明国人对手机的需求量很大,二来表明本土品牌难有高端货。中国不乏生产电饭煲、马桶盖的企业,但中国人却依然不吝重金、不辞辛苦,千方百计从海外(如日本)往回运送这些商品。

这一现象折射出的残酷事实是:中国长期对"供给侧"的疏忽,导致今日难以满足市场需求的尴尬。

哪些领域、产业或产品在"供给侧"需要进一步加大投入或生产,正是我国经济结构转型升级的当务之急。

关于供给侧改革,你还需要弄清楚以下几个问题:

① 供给侧改革的时代背景

灯火璀璨,帷幕徐启,在 2008 年的世界舞台上,中国已然站在中央。

浪涛汹涌,闸门洞开,在历史浪潮席卷之下,这是大中国的狂欢年。

抬眼可见,奥运倒计时牌上的数目飞速递减。

蓦然回首,惊觉改革开放已过去三十多年了。

两件事情,看似毫不相干,实则丝缕相连。

这丝丝缕缕中的一条,曾异常清晰,最近又被大声呼唤,那就是:改革。

2015 年以来,央行已经连续 5 次降准、降息,而企业融资成本仍然高居不下、经济形势没有得到根本扭转;

钢铁、化工等行业大量产能过剩;

过度释放的基础货币没有更好地投入到实体经济……

这些现象都凸显了先前的需求侧改革,已经无法适应我国当前的经济发展形势,而需要寻求新的发展活力。在这样的时代背景下,我国政府创新性地提出结构性改革,以破解目前经济增长困境——供给侧改革(或称之为供给侧结构性经济改革)应运而生。它与第1章提到的传统供给学派有相似之处,但更加规范化、系统化,必将对我国"十三五"[①]规划甚至更长远的经济有深远影响。

② 为什么在此时强调"供给侧改革"?

找准"病根"才能下对药,我国政府为何要在此时进行供给侧改革?(见表2-1)

表2-1 我国政府实施供给侧改革的原因

我国政府实施供给侧改革的原因		
原因		分析
表象	需求不足	近几年,中国经济增速逐年下滑。从需求侧看,内需中,2011年人口结构出现拐点;2012年人口抚养比见底回升;2013年地产销量增速持续下行;2014年,工业化步入后期,投资增速持续下行。外需中,全球出口增速在2010年见顶回落,过去三年内持续零增长,中国难以独善其身。低成本优势不再,低端制造业不可避免地向东南亚转移。
实质	供需错配	需求刺激效果甚微,2015年以来,央行5次降息降准。我国发改委新批基建项目规模超过2万亿,但投资依然萎靡不振。在消费领域中,则呈现较为明显的供需错配现象:国内消费增速拾级而下,国内航空客运增速缓慢下行,但中国居民在海外却疯狂扫货。这意味着中国经济面临的问题,并不是短期需求,而是中长期供给。

中国经济进入新常态后,一系列新的矛盾和问题凸显。很多人把注意力集中在"GDP增速"上,增速稍有下滑就叫嚣"中国经济不行了"。

殊不知,从表象来看,中国经济是速度问题,但从实质来看,却是结构问题。

中国经过改革开放三十多年的发展,成为了世界第二大经济体。然

---

① 十三五:中华人民共和国国民经济和社会发展第十三个五年规划纲要,简称"十三五"规划(2016—2020年)。

而在长期形成的粗放式发展惯性作用下，制造业等行业出现产能严重过剩的局面，加大了经济下行压力。

综合来看，我国的供给体系是高端产品供给不足、中低端产品过剩，传统产业产能过剩、结构性的有效供给不足。

而贯彻"供给侧改革"，表明了我国政府从生产供给端入手，坚持问题导向，打造新经济发展的新动力。

③ 供给侧改革要做什么？

供给侧改革主要包括两个大方向：

- 让合法的主体都有权利供给，不限制人们的供给能力和愿望；
- 将不合格的供给主体改造升级成合格的供给主体。

只有加强供给侧改革，才能"对症下药"，解决制约我国经济发展的深层矛盾和问题。

中央经济工作会议强调：

2016年及今后一个时期，要在适度扩大总需求的同时，着力加强供给侧结构性改革。2016年经济社会发展特别是结构性改革任务十分繁重，战略上要坚持稳中求进、把握好节奏和力度，战术上要抓住关键点，主要是抓好去产能、去库存、去杠杆、降成本、补短板五大任务。

中央经济工作会议结束后不久，2015年12月24日，工信部[①]进一步表示：

2016年要重点抓好分业施策调整存量，加快传统产业优化升级等工作。包括支持困难行业加快去产能、去库存、降成本，实现产品升级、转型转产、扭亏增盈；抓紧制定实施推动产业重组、处置僵尸企业总体方案，引导僵尸企业平稳退出；多措并举化解产能过剩，开展钢铁、水泥、平板玻璃等行业化解过剩产能试点等。

---

① 工信部：中华人民共和国工业和信息化部（简称：工业和信息化部，工信部），是根据2008年3月11日公布的国务院机构改革方案，组建的国务院直属部门。

具体分析如下（见表2-2）。

表2-2 供给侧改革的五大任务详解

供给侧改革的五大任务详解	
任务	分析
化解产能过剩	国家统计局中国经济景气监测中心副主任说："现在化解产能过剩，要更多从供给侧着手，促进产业升级，坚决淘汰僵尸企业。"以此来进一步推动市场化的兼并重组，提升整个行业产业的供给效率。
降低企业成本	降低企业的制度性税费负担、财务费用、交易成本等，目前需要特别关注如何有效减轻企业缴纳的社保费用。
房地产去库存	当前楼市库存较大，关键原因就是供需错位。要促进房地产业兼并重组，提高产业集中度，鼓励房地产开发企业调整营销策略，适当降低商品房价格等等。
补短板	目前，"三农"问题、生态问题、贫困问题、基础设施等都是制约我国经济发展的短板。补上这些短板，才能为我国经济增长注入新的活力。
解决供需不匹配问题	在保障金融体系安全的基础上，降低企业融资成本，促进资本市场融资功能的提升，增强网络金融支持实体经济的能力。

其中，"产能过剩"之所以放在首位，用我国经济学博士张世贤的话说就是"生产了大量东西卖不掉，就是所谓的'供需失衡'，这是关系中国经济发展的头等大事。"

供给侧结构性改革主要是通过供给侧的调整，改善供需的结构性矛盾，从而使当前社会供给能够与市场需求相匹配。

④ 供给侧改革将给普通民众带来哪些实惠？

很多百姓认为，政治是政府部门的事，离自己很远。其实，供给侧改革涉及的领域，如房地产、医疗、教育等与我们的日常生活息息相关（见图2-2）。

图 2-2 供给侧改革给普通民众带来的实惠一览①

供给侧改革不仅是对当前中国宏观经济的一剂良药,对于普通民众而言,也意味着未来更多的实惠(见表 2-3)。

---

① 图片来源:中金在线

表2-3 供给侧改革带给普通民众的实惠

供给侧改革带给普通民众的实惠		
领域	实惠	分析
教育	社会办学让供给多元化	供给侧改革正推动教育进入产业化模式。在教育资源的供给端，鼓励社会资本提供多样化、个性化的教育服务。随着政策不断松绑，民间资本逐渐深入到教育领域。
医疗	民间资本涌入解决"看病难"问题	在医疗领域的供给端打破了公立医疗机构对于医疗资源的垄断，鼓励民营资本涌入。民众对于医疗服务不同层次的需求将得到更大满足。
住房	改善房地产供给结构	国家发改委主任徐绍史指出："各地发改委要抓紧推动制定化解库存方案，发展住房租赁市场，释放刚性需求和改善性需求。加快农民工市民化，满足新市民住房需求，稳定房地产市场。"
消费	"海外疯抢"将成为过去时	中央给消费升级的领域描绘了明确的蓝图：重点推动服务、时尚、品质、绿色等六大领域消费升级。可以预见，通过供给端不断地完善、改革，未来国内也能提供物美价廉又有质量保证的产品，民众不必万里迢迢远赴海外往回背"洋货"了。

这样看来，我们应该清楚：经济改革，不只是人类发财致富的一种生存手段，其本质是辅助我们实现更高生活层次的一种方式。否则，你会把所有的经济改革和新政策都当成他人的赚钱手段和阴谋诡计，永远无法理解什么叫想象、热情、信任、德性、期望……缺少这些，你的世界里也就只剩对经济政策的幻影，而无法产生真正的活力、发明、合作和创新了。

2.1.2 经济链条上的"双生花":供给侧与需求侧

☞ **微观新政**

有需求就会有供给,"供给侧"和"需求侧"就像经济链条上的"双生花"。二者永远是一个有机的整体,需求侧管理更加关注短期的实际增长水平,供给侧管理更加强调长期的潜在增长水平。

长期以来,我国的宏观调控更侧重于"需求侧"。

如今,中央明确要将调控的重点转向供给侧,即在适度扩大总需求的同时,着力加强供给侧结构性改革。

要想实现我国经济的转型升级,使"供给侧改革"获得预期效果,就必须找到供给水平持续弱化的原因。

(1)导致供给水平持续弱化的原因

我们可以从宏观和微观两个角度进行分析。

① 宏观因素

从宏观角度来看,我国经济越来越无法满足新常态下需求结构的变化,总供给能力趋向疲软。这是制度安排、技术进步、生产要素等多种因素共同作用的结果。

如:需求管理思路下实施的宽松货币政策,效果不如预期,甚至导致资金空转问题更加凸显;部分行业产能过剩,很多低效甚至无效企业占据着大量生产资料,严重弱化了有效供给能力,制约了新兴产业的发展。

除了上述因素,我国经济供给水平弱化的主要因素还包括制度安排、技术进步、生产要素等(见表2-4)。

表 2-4　导致供给水平持续弱化的宏观因素

导致供给水平持续弱化的宏观因素	
因素	分析
制度安排	制度因素是当前阻碍我国经济持续增长的重要瓶颈。如企业发展的制度性和政策性成本过高,导致企业生存发展上的困难;社会主义市场经济的法治体系等内容尚未完善,使企业缺乏信心和活力;户籍管制造成的城乡二元体制以及地方保护主义的存在,严重阻碍了全国市场的发展培育。
技术进步	由于政策、体制、理念等方面的落后,我国鼓励技术创新机制还没有建构起来,造成经济发展中技术驱动功能的弱化,难以适应和满足新常态下经济持续增长的需要。
生产要素	一方面,土地等资源的供需矛盾加剧,企业发展成本不断升高;另一方面,随着我国步入老龄化社会,人口红利逐渐下降,人力成本优势不断弱化。

② 微观因素

从微观层面来看,我国经济供给水平弱化的主要原因是产业结构失衡造成的供需错位(见图 2-3)。

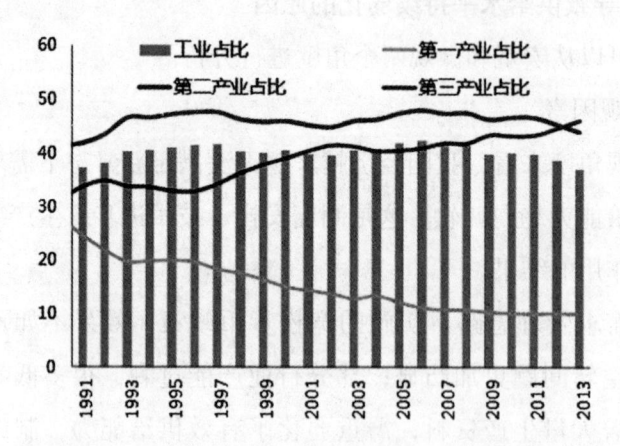

图 2-3　1991—2013 年中国各产业的 GDP 占比对比[①]

导致这种局面的原因是:粮食等劳动和资源密集型低端产品,产能

---
① 数据来源:WIND网

过剩，造成了大量的资源浪费；优质的中高端产品供给能力严重不足，造成内需外移。

从当前日益火爆的海外购和电商消费现象来看，我国的国内供给能力无法满足经济新常态下需求结构的变化，尤其是中高端产品的优质供给不足，无法发挥出消费对经济增长的拉动作用。

因此，"供给侧改革"在此时登上舞台，通过创造新供给，回应和引导新消费需求，优化供给结构、增强有效供给能力，从而推动我国整体经济转型升级。

（2）供给侧与需求侧

供给侧管理，是指强调通过提高生产能力来促进经济增长；

需求侧管理，是指强调可以通过提高社会需求来促进经济增长。

对于如何拉动经济增长，二者有着截然不同的理念。

需求侧管理认为：需求不足导致产出下降，所以拉动经济增长需要"刺激政策"（主要是货币和财政政策）来提高总需求，使实际产出达到潜在产出。

供给侧管理则认为：市场可以自动调节，使实际产出回归潜在产出，所以根本不需要所谓的"刺激政策"来调节总需求，拉动经济增长需要提高生产能力即提高潜在产出水平，核心是提高全要素生产率。

事实上，虽然对于经济增长的理念不同，但在实际操作中供给侧与需求侧也并非完全对立。在各国的经济政策应用中，通常二者都是交织在一起搭配使用，在某一个时期发挥各自的调节作用的。

而本次供给侧改革明确提出，未来我国要着力加强供给侧结构性改革，这意味着我们未来的政策将把重心放在通过改革提高全要素生产率上，也就是供给侧，而需求侧的刺激政策则更多是托底性质。不管怎样，这对经济链条上的"双生花"要在适合的时间里各自绽放，我国经济才会真正驶入高速发展的快车道！

2.1.3 关于"供给侧改革"的八个误区

☞ **微观新政**

关于改革的大戏,从来都是无休无止,似乎永不会落下帷幕。

我国知名经济学家如丁冰、左大培、程恩富等,曾发表联合声明声援郎咸平,认为"郎咸平抨击西方产权理论和产权改革误区,反对把企业、金融和产业等方面存在的一切问题归咎于公有产权和以为转制为私有产权便可实现高效率这一流行做法,他的批评是及时和正确的。"

清华大学社会学系孙立平教授认为,之所以各派之间争论不休,实际上是因为没有弄清问题的实质:"反对在国企改革中国有资产流失与反对国企改革(包括产权改革)是两回事;坚持国企产权改革与容忍国有资产流失也是两回事;甚至反对以MBO方式进行国企产权改革与反对国企改革仍然是两回事。道理看似简单,但争论中真正导致混乱的症结,恰恰是没有澄清这些最基本的问题。"

当局者迷。

若不能看清一项改革的本质,甚至陷入误区,思维和行为往往就会陷入僵局。供给侧改革亦如此。

当它意气风发地向我们走来,我们莫要误解了它。

给侧改革的八个误区解读

供给侧改革本是一个非常好的改革思路,但由于概念相对晦涩,因此各种脱离其本意的解读层出不穷。

我们要防止陷入以下八个误区(见表2-5)。

表2-5 关于供给侧改革容易陷入的八个误区

关于供给侧改革容易陷入的八个误区	
误区	分析
从未有过的新生事物	虽然供给侧改革是一个新出现的词，但与此相关的政策或供给管理早已有之。支持供给侧改革的理论可以通过上一章的学习有所了解。只不过，改革开放以来，几乎所有的改革理论都是从供给侧考虑的，而不是从需求侧考虑的。实际上，推进供给侧改革的实践也并非从今天才开始。只要稍微梳理一下历史知识，就会发现，推进供给侧改革并非标新立异，而是回归经济的常识。
带上西方供给学主张的帽子	西方供给学派的政策主张多数也是中国供给侧改革要考虑的重要内容。但由于我国经济体制的特殊性，我们必须认识到：并不是西方供给学中的所有政策主张在中国都适用；另一方面，中国的供给侧改革需要考虑和解决的问题远比西方供给学要丰富。
以政府计划思维推进改革	供给侧改革是政府为了解决由于过度干预或过度宏观调控产生的问题而提出的全新改革思路。在现实中很容易被误解为是政府计划或政府主导确定的供给结构。这就有可能走到供给侧改革的对立面，陷入思维误区，带来适得其反的结果。
供给侧与需求侧是对立的	在上一节我们就提到二者并非对立关系，它们就像一只手的手心和手背，一个硬币的两面，缺一不可，而且二者要相对平衡，经济才能健康、持续地发展。
只是增加商品或劳务供给	供给侧不只是包括商品或劳务供给那么简单，还包括供给主体，如存量调整、增量形成、要素投入、全要素生产率提升、培育等等。若单纯强调一点，只会导致进一步的产能过剩。这种解读是狭隘的。
将各要素简单平行放在一起	有的学者将供给侧因素理解为人口或资本、土地、劳动力、制度、创新等。其实，这几种因素并非同一层面的因素，资本和土地、劳动力属于生产要素，制度和创新则是影响全要素生产率的因素。各要素不能平行地放在一起看待。
改革就是实行需求紧缩	当前我国经济周期性矛盾和结构性矛盾并存，供给和需求不是非此即彼的关系，而是相互转化，互为条件。在有所侧重的前提下，两手都得抓。 在推进供给侧改革过程中，既要营造稳定的宏观环境，也要防止周期紧缩。
是在搞新的"计划经济"	供给侧改革是通过进一步完善市场机制，充分发挥市场在资源配置中的决定性作用。总体来看，这是新形势下，社会主义市场经济的完善和深化，而不是要重蹈覆辙，走回计划经济的老路上。

当然，供给侧改革是一盘大棋，要想取得最后胜利就要更好发挥政府这只无形的手的作用。当然，"放手"不是"甩手"。在未来，我们要努力创造更好的经济环境，让我国经济平稳、有序运行！

2.1.4 撩云拨雾看本质：打破中国经济增长瓶颈

☞ **微观新政**

2016年是全面建成小康社会决胜阶段的"开局之年"，更是推进结构性改革的攻坚之年。对于我国政府而言，"十三五"时期能不能起好步、开好局，关键就在于能否有效落实供给侧改革，打破中国经济的增长瓶颈。

"怎么看"、"怎么干"，如今，供给侧结构性改革已经成为举国上下都在思考、探索的重点。

那么，你看清供给侧改革的本质了吗？

以往有太多类似的改革只是流于形式，甚至只是一句简单的口号。

那么这场被期待已久的改革能真正有效地落地吗？

我们拭目以待。

中国提出"供给侧"改革，是对目前经济隐患的把握，也是一种积极的战略调整。若能有效实施，必然会促进生产创新能力，打破中国经济增长瓶颈，给我国经济带来一抹春色。

供给侧改革的本质是什么

"供给侧改革"——我们究竟该如何看待这个专业词汇？

为什么众多政府高层领导都将目光投向了供给侧改革？

我们能否通过看透新政策的本质，看清我国经济发展的整体趋势？

关于供给侧改革的本质，可以通过以下三点进行抽丝剥茧式的分析：

① 化解长期以来的结构性矛盾

长期以来，我国始终坚持从需求侧入手带动经济发展。

近几年，我国制造行业的优势因为劳动力供给不足而下降，进出口贸易的发展速度逐渐降低。

不仅如此，房地产的整体销售情况也受到影响，投入的资金大部分流入房地产建设领域，如今却供需矛盾问题日益严重。

对此，我国著名财政专家贾康认为：

如今的世界经济已经连成一体，如果供给侧的改革比较顺利，市场就会积极反馈，市场需求也能够得到扩张，举例来说，苹果公司推出iPhone手机产品后，很多人争相购买，互联网金融产品出现后，也得到了很多用户的追捧。

的确，供需矛盾反映了供给与需求的结构呈现出失衡状态。改革开放以来，我国的经济迅猛发展，人们的消费能力与消费水平不断提高。

然而，人们需要的高层级消费品却越来越得不到满足，而低端消费品却远远超过需求量。甚至很多先进技术都要从别国进口（见图2-4）。足见我国在制造领域的创新性还远远够。

因此，我们要从供给侧入手，抓住我国经济转型阶段的机遇，使市场化改革能够更加迅速地开展。

② 转变发展思路，让经济结构趋于合理化

在2015年11月举行的中央财经领导小组会议上，习近平主席这样表示，要"在适度扩大总需求的同时，着力加强供给侧结构性改革"。

在2015年举行的APEC会议上，习主席更是再次强调要通过需求端的结构调整来推动世界经济的发展。之后在国务院常务会议上也指出，要在增加需求的同时，"培育形成新供给"。

我国在之前的经济发展过程中的措施，是将重点放在需求侧，比如

供给侧改革
▶▶▶ ——中国经济夹缝中的制度重构

近年来实施的下调存贷款利率等措施都是从需求侧入手、我国在经济危机之后投资四万亿刺激经济需求——这与凯恩斯主义奉行的原则有很多相似之处。通过第 1 章我们了解到，凯恩斯主义的主要观点是——需求短缺是经济增长缓慢的主要原因。它强调通过增加需求带动经济增长。

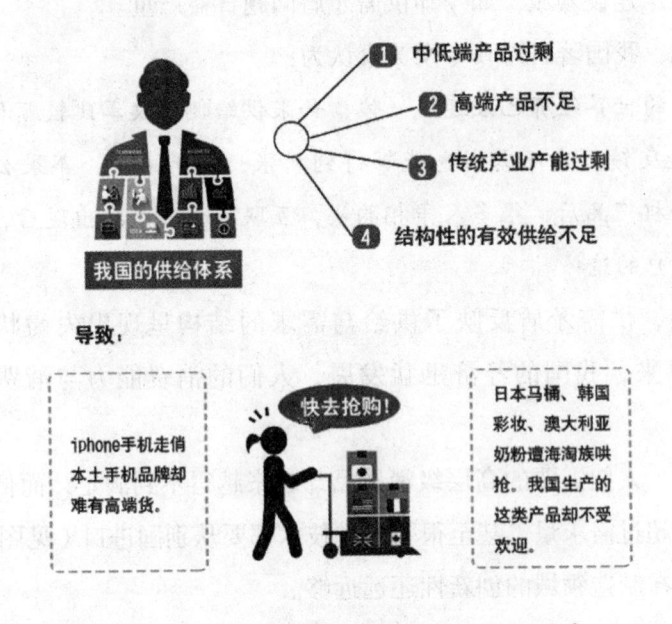

图 2-4　长期的供需矛盾带来的主要影响[①]

供给侧改革与之不同的是，它以供给与生产方面的调整为主，力图提高我国整体经济的层次，更注重生产效率的提高。从近期来看，供给侧改革能够改善经济持续走低的态势，从长远来看，供给侧改革能够实现经济结构的合理化，使供给与需求保持平衡，以此提高经济质量。

---
① 图片来源：凤凰财经

③解放生产要素,提高资源配置效率

供给侧改革的本质是通过建设配套的法律体系,提高资源配置效率,为那些有发展需求的行业提供足够的生产要素,最终发挥政府宏观调控的作用。

根据习主席在中央财经领导小组会议上的讲话,我国的供给侧结构性改革措施可简单概括为:

- 解决房地产行业的供需矛盾;
- 降低企业成本消耗,提高其竞争力;
- 推动产能过剩问题的解决,加速产业升级;
- 完善股票市场,避免金融危机的发生。

我国当前经济面临着三大困难(见图2-5),对此,有业内人士指出,国家采取的这一系列措施,除了能够解决产能过剩问题,还能降低楼市库存,优化产业结构,缓解企业债务危机,完善各方面的保障体系,能够使供给与需求更加平衡。

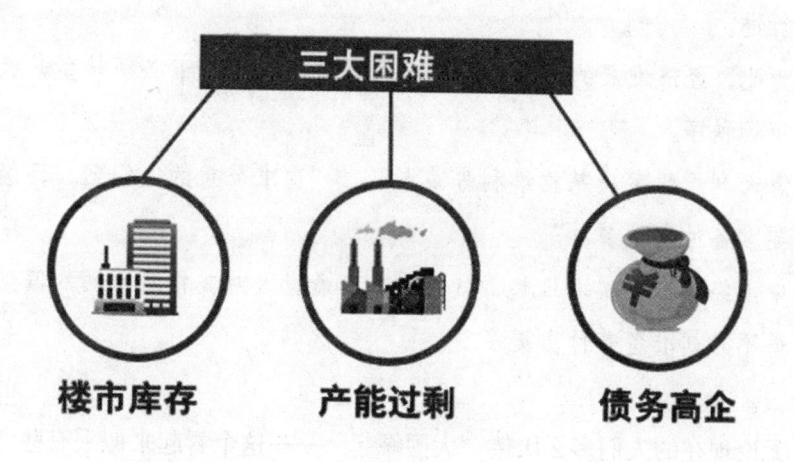

图 2-5 我国当前经济面临的三大困难[1]

---

[1] 图片来源:凤凰财经

只不过，此次改革需要经历漫长的过程，从点到面，逐步开展。

可以肯定的是，在未来，供给与需求的两侧改革，将为中国经济带来更深层次的活力与动力。

2.2 3种力量决定供给侧改革势在必行

2.2.1 经济发展的力量：中国经济新常态重构市场秩序

> ☞ 微观新政
>
> 中国经济走到今天这个必须要调控转型的地步，是谁之过？
>
> 回首过去，曾经从民间到庙堂，让举国上下都如临大敌、草木皆兵的重大事件，在今天看来或许都只是历史中轻描淡写的一笔。
>
> 在我国，经济与政治始终紧密相连，所谓的经济曲线很容易与政治曲线融为一体。甚至，经济理论认为行得通的事情，未必就能在政治上顺利行进。
>
> 为此，经济发展的力量推动着我国经济在新常态下必须转型升级，重构市场秩序。
>
> 意大利思想家马基雅维利告诫人们，"追求梦想的人们啊，已经付出就要准备付出更多。"
>
> 中国经济自转型之日起，就因为背负着世人对其根深蒂固的偏见，而不得不时刻准备着付出更多。

无论现在的人们多么厌倦"大国崛起"——这个看起来似乎有些老掉牙的词汇，大国崛起的事实确实给我们的国家和人民的生活带来了实惠。

中国入世以来，经济快速稳健地发展，拥有稳健的货币政策、雄厚的外汇储备、较好的财政状况。

经济实力是中国安然渡过危机的必要条件。没有人把我们从容度过全球金融危机归结为"运气甚好"。

（1）中国经济崛起之谜

对于"大国崛起"的谜底，可谓"仁者见仁，智者见智"。

阿历克西·德·托克维尔[①]在《论美国的民主》一书中论述了大国崛起的两种模式：

当今世界上有两大民族，从不同的起点出发，但好像走向同一个目标。这就是俄国人和英裔美国人……美国人在与自然为他们设置的障碍进行斗争，俄国人在与人进行搏斗。

一个在与荒野和野蛮战斗，另一个在与全副武装的文明作战。因此，美国人的征服是用劳动者的犁进行的，而俄国人的征服则是靠士兵的剑进行的。

为了达到自己的目的，美国人以个人利益为动力，任凭个人去发挥自己的力量和智慧，而不予以限制。而为此目的，俄国人差不多把社会的一切权力都集中于一人之手。前者以自由为主要的行动手段，后者以奴役为主要的行动手段。

而我们的"中国模式"，既有别于美国的"任凭个人发挥自己的力量和智慧"模式，更不是对"把社会的一切权力都集中于一人之手"模式的复制，而是既有自下而上的民众参与，又有自上而下的政府领导。这种模式更具正向意义，并向"任凭个人去发挥自己的力量和智慧"的方向靠拢。

毕竟，美国的崛起，是民众崛起带动国家崛起，而俄国的崛起，只是国家的崛起。美国的繁荣以及苏联的解体，恰恰证明了美国模式比俄国模式更加合理。而截然不同的崛起模式，必然会延伸出不同的成败与

[①] 阿历克西·德·托克维尔：Alexis-Charles-Henri Clérel de Tocqueville（1805年7月29日–1859年4月16日），法国历史学家、政治家，政治社会学的奠基人。

兴衰格局。正如我们对古老哲学深信不疑的顿悟——"世界上没有完全相同的两片树叶"。

（2）经济发展驱动市场秩序重构

生产和消费作为经济活动的两个方面，二者的契合程度决定了经济发展的好坏程度。

供需相符、平衡，经济就会处于良性发展状态。反之就会出现各种问题和矛盾，甚至导致经济危机（见图2-6）。

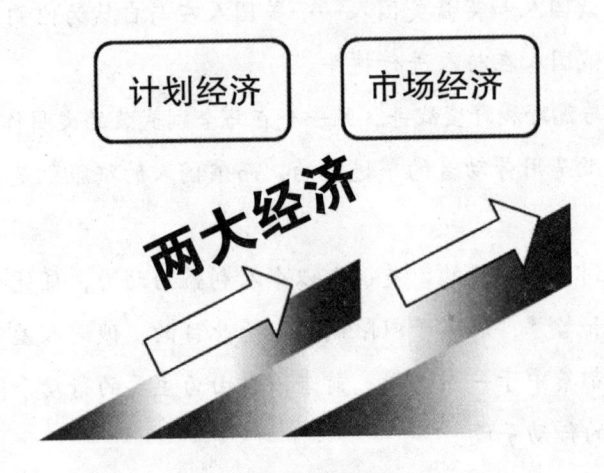

图2-6 我国两大经济形式

① 计划经济

我国在建国初期，实行计划经济体制。

无论是消费还是生产活动，都由政府统一制定规划。

当时落后的生产力水平决定了这种经济体制对经济活动的超强计划性。在避免陷入经济危机的同时，也无法激活个体生产的积极性。

② 市场经济

改革开放以后，我国政府大力提倡市场经济转型——生产和分配的权力下放给企业，使企业能够自主决定利润分配、按意愿生产以及自我调节。

然而，市场的自我调节因为缺少限制，又显示出一定的滞后性。

很多生产商蜂拥而至，纷纷进入高利润领域进行生产。

这种情况，最终必然会导致产能过剩——就如同当前国内经济结构的现状一样。

根据我国的长期发展愿景，当生产力高度发达之后，社会将进入共产主义阶段：人们需要什么，市场需求是什么，社会就提供什么。

这是一种按需分配、有序生产的新经济形态，产品匮乏和过剩的现象都将不复存在。

但前提是，我们需要实现前一个阶段：按需生产。

这也是政府提出"供给侧改革"的目的。

当经济发展出现结构性失衡，产能过剩严重，就需要通过对供给端的调整变革，实现资源的优化配置和利用，从而转型为以按消费需求安排生产、消费者为中心的经济形态。

（3）新计划经济到来

从开篇提到的"三驾马车"到如今的"供给侧改革"，我国政府对经济发展侧重方向的改变，亦反映了我国经济结构的演变历程：

以往经济的增长，经济供应链的重心在后方的生产端，主要依靠投资来推动生产。

现在和未来，中国经济的增长将由拉动生产转向消费刺激，经济的供应链也自然将偏重于前端的消费领域。

在"互联网+"的经济新常态下，供需关系也渐渐逆转——生产、渠道、营销、盈利等与产品有关的各个环节，都呈现出全新的形态。

消费在国民经济发展中的重要性不言而喻，推动未来经济的变革转型：围绕消费者的个性化、多元化需求，进行更为精准的定制化生产（见表2-6）。

表2-6 从"按需生产"到"新计划经济"的两个要素

从"按需生产"到"新计划经济"的两个要素	
要素	分析
大数据、万物互联的发展普及	二者将使未来的产品在生产出来之前,就已经确定了会流入哪一类消费者的手中;每一件产品的研发制造,都有消费者参与的身影,定制化生产成为经济结构常态。
生产商之间的竞争	在未来,竞争将不再围绕价格进行,而是看谁能及时感知不断变化的市场需求;谁能围绕消费者的需求痛点,进行更为精准的创造。

上述两种生产方式的转变,将倒逼"供给侧改革"。

这也预示着消费者将在这一经济新常态下,处于绝对的中心地位,我国将进入一个"按需生产"的"新计划经济"时代!

2.2.2 商业模式的力量:消费商到来重构传统消费模式

☞ **微观新政**

消费商,顾名思义,就是指消费者和商人两种角色的融合。同一个主体,既是某种产品的消费者,又是产品的传播促销者。在这个过程中,该主体既进行自我消费,又通过对机会(省钱+赚钱)的传播分享获得收益。

通俗地讲,消费商就是通过分享自我的消费体验而获取一定收益的人。

也可以理解为消费者与生产企业进行合作,同时进行两种经济活动:即产品的消费和经销。

从经济学角度来看,消费商是"互联网+"时代的新概念,也是一个哲学概念:既有作为消费者角色的财富付出,又有作为经营者角色的回报。

从这个角度而言,消费商是"互联网+"时代的创富新理念,也是消费者参与商业活动、成为市场主导力量的重要体现。

服装企业的工人是生产者，其产品是服装；但当他们去餐厅吃饭时，就变成了消费者，厨师是生产者；而当厨师去买服装时，他们又成为了服装市场的消费者。

可见，每个人既是生产者又是消费者，并通过彼此的协同推动着社会整体生产力的发展。二者是相互依存、相互转化的关系。消费与生产从来都不是完全对立的。

在这一商业模式驱使下，"消费商"这个崭新的群体渐渐走进了我们的视野，并逐渐成为推动"新计划经济"的主要力量。

只不过，随着信息技术革命和互联网的深入发展，这种角色转化将变得更加简单。

在未来的消费关系结构中，主要有三个要素：
- 生产商——以生产为核心，负责生产环节，比如工厂；
- 流通商——以渠道为核心，负责流通环节，比如物流公司；
- 消费商——以购买为核心，负责消费者环节，比如当前广泛兴起的自媒体、网红、大V等。

人人都是生产者，人人都是消费者

虽然我国刚刚提出"消费商"的概念，但国外早有类似的概念——Prosumer（生产消费者），既是生产者又是消费者。

在传统的商业形态中，消费者只有一种权力：进行购买消费，研发、生产、流通、营销等生产环节完全与消费者无关。消费者自然无法分享商业利润。

但在今天的移动互联时代，借助互联网平台，消费者可以成为资源的整合者：通过分享对信息、渠道、产品、服务等的消费体验，激发其他消费者的购买行为，并借此来获得一定商业利润，成为一个全新的商业主体。

我们可以从六个方面来全面解读"消费商"（见表2-7）。

表2-7　全面解读"消费商"

全面解读"消费商"	
要点	分析
轻资产商业模式	消费商没有员工、没有管理，是一个零风险、轻资产的商业主体。
自由经营者	消费商可以是人们的第一职业，也可以只是一种兼职形态。它是一个极具灵活性的自由经营者。
不负责具体经营管理	消费商只是借助互联网平台将某种信息和机会传播分享给其他消费者，并从中获益，而不负责具体的经营管理。
重构商业利润分配规则	消费商在自我消费的同时又能实现利益获取，将重构商业利润的分配规则。
成为销售主体	消费商借助不断发展的移动社交媒介平台，将成为超越店铺的销售的关键主体。
引爆全新消费革命	这一全新的商业模式将引爆新的消费革命，更多的消费者将参与进商业生态系统的价值分配中，实现资源的优化利用。

总体来看，消费商是消费者参与商业价值生态系统的表现形式，也成为推动经济发展的主导力量，更是"互联网＋"时代经济新常态下的必然产物。

2.2.3 信息技术的力量："互联网＋"和大数据重构供需关系

☞ 微观新政

上一节提到的消费商崛起，实则是"互联网＋"时代人本回归的反映，是我国经济高度发展的必然结果，也是推动人们创造财富、推动社会经济转型的重要力量。

在消费导向的经济环境中，无论是生产商还是经销商，要想让产品产生商业价值，首先必须将产品顺利传递到消费者手中。

只是，在竞争日益激烈、创新层出不穷、信息无限膨胀的新经济时代，想要有效吸引消费者的眼球，已经变得越来越难。

阿尔文·托夫勒①在《再造新文明》中预测——

容许犯错，不允许妄下断言，尊重多样性，再加上一些幽默感及有所节制，这些是我们展开21世纪的新旅程时，行囊中不可或缺的求生工具。

互联网的诞生，信息技术的不断进步印证了这位伟大的未来学家的预言。

（1）信息技术让人人都有一个麦克风

信息技术的发展让"互联网+"成为新常态，在这样的时代，人人都有一个快速表达自我的麦克风。

通过网络，就可以无需筛选，无需等待，快速向世界传达自己的观点——愤怒、委屈、喜悦等多种复杂情绪都能一一释放，不管多么悲天悯人的济世情怀都能抒发得淋漓尽致。

这正是我们表达自我、探寻真相愿望的体现。

另外，互联网的发展普及打破了以往的信息不对称性。

消费者拥有了更多对产品相关信息的知情权和话语权，成为市场中的主导者。

这也使消费者不再轻易相信生产商的一面之词——广告宣传和营销技巧。每个人都有自己的鉴别能力、判断能力，对产品体验的要求也越来越高。

假冒伪劣产品的泛滥，只会中伤消费者的情感，让他们对生产商和

---

① 阿尔文·托夫勒：出生于美国，著名的未来学家，当今最具影响力的社会思想家之一。

经销商失去信任。

而在这个消费者处于主导地位的新经济时代，作为商业活动的参与者，只有黏住了终端消费者，才能获取收益。

在未来，信息技术及大数据技术会不断推动企业生产。

从目前市场环境来看，竞争是分散的，市场价格在资源配置中发挥着重要作用，价格上升，企业会扩大生产规模；反之企业则会缩小生产规模，达到供给与需求的稳定。不过，当价格处于上升趋势时，也可能出现生产远远超出需求的现象，价格降低时，也会出现供不应求的现象。这样一来，生产率较高的企业便能够获得更多的资源。而参与竞争的商家只能将自己的产品价格控制在市场范围内。

长期以来，各国都试图用宏观调控来改善市场价格的短板，使经济保持平稳发展。

遗憾的是，大多数政府干预都以失败告终。

（2）"互联网+"和"大数据"重构供需关系

随着"工业4.0"、"互联网+"等新经济形态的到来，以往的供需关系被完全颠覆、重构（消费者需要什么，生产者就要生产什么）。消费者在市场中处于中心地位。

这是信息技术与我国经济深度融合的必然结果。

互联网、大数据、云计算还在不断普及，商业生态价值链的各个主体和环节（如生产者、消费者、产品、流通、服务等）越来越紧密地连接在一起，万物互联已成为现实。在这样的前提下，企业的生产模式也将有所转变（见图2-7）。

① C2F模式

未来，C2F模式（即顾客对工厂，简称客厂）将成为常态。即企业的生产活动始终围绕消费需求进行，体现了"消费需求——工厂制造——后续服务"一体化过程。

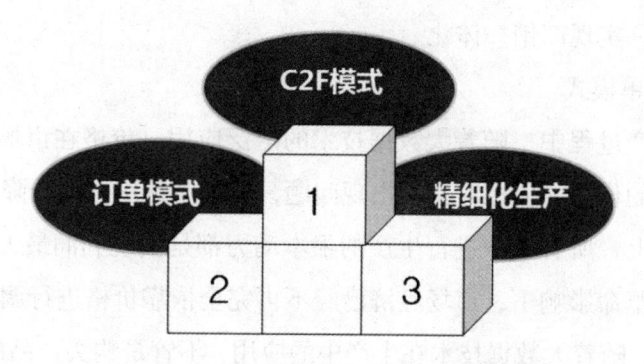

图 2-7 "互联网+"时代企业的生产模式

之所以要向这一过程进化,是因为在当前的商业形态中,厂商和消费者之间隔着销售商,供需关系很容易出现结构性失衡的状况(见表2-8)。

表 2-8 供需关系失衡的原因

原因	分析
消费者个性化需求得不到满足	销售商不从事生产,就无法满足消费者的定制化、个性化需求。生产商不直接与消费者发生关联,只能根据主观预估进行"热销"产品的设计与生产,而不会关心个性化、定制化、长尾化的产品需求,目的是获取收益就好。
为生产而生产置真实需求于不顾	有研究指出,我国商品的零售价与成本之间的比例高达 5:1,眼镜、珠宝、奢侈品等的零售价更是成本的百倍之多。造成这一情况的主要原因,在于层层压货加价。实际上,生产商会尽力按照销售商的要求进行生产,是因为他们关心的是能否获得大量的产品订单,而不是去调研了解消费者的真实需求。这种模式很容易导致大量的库存,从而使商品价格居高不下,增加了产品成本。

C2F模式则是在移动互联时代的背景下诞生的,生产商建立自己的B2C商场,跳过了中间销售商,并借助日益普及的移动社交媒介,直接与终端消费者进行互动和沟通。从而针对消费者的个性化需求,精准生

产、销售，实现产销一体化。

② 订单模式

在生产过程中，随着大数据技术的广泛应用，价格在市场中发挥着信息传递的作用，但也时常会出现问题，其调节作用会逐步降低。

实际上，所有企业进行生产的根本动力都是实现利润最大化。只是在新技术革命影响下，市场经济已经不再完全依靠价格进行调整。

如今，随着大数据技术在生产中的应用，不管是购买产品的消费者，还是参与生产的各类企业，抑或是企业与消费者之间的信息传递模式，都会呈现新的特点。

有业内人士做出大胆预测：

随着大数据分析技术在生产中的应用，生产越集中，越不可能出现供给超出需求的现象。而且，先进技术的应用，会使生产更加集中。为了更加清楚地说明这个理论，我们假定某个厂家垄断了某种产品的生产，不存在其他竞争者，企业通过自营APP接收消费者信息，则其生产数量完全可以按照需求提前制定。

市场需要什么，消费者需要多少，企业就生产多少，这样就不会出现产能过剩或供给不足的现象。

因此，我们有理由判定，随着大数据技术的应用，未来市场价格对生产的影响将会不断降低，而企业的生产方式有可能发展成"订单模式"。

如果这种想法兑现，那么企业将会更好地掌握市场需求，我国经济发展中的波动与复杂性都会大幅降低，整体经济的走势也将趋于平稳。换言之，先进信息技术与大数据分析技术"合力"，会逐步降低政府管控和干预的必要性。

如此一来，我国经济将向着"更有计划性的"新市场经济方向不断迈进。

这里的计划与传统经济模式下由政府推出与实施的计划不同，它指的是市场导向性计划——为企业生产提供更加精确的信息数据。

而这并不意味着销售商的消亡。

许多具备一定战略眼光的销售商,已经开始顺应"互联网+"的时代潮流,通过大数据、物联网等多种技术途径,完善终端销售网络,搭建自己的网上商城。

这些销售商不仅提高了网络平台购物的黏性,还掌握了大量的终端消费数据,优化了消费者的购物体验,可谓一举多得。

③ 精细化生产

许多日本企业发展过程中十分注重"零库存"与生产的"精细化"。而大数据技术的应用会进一步推动这些理念在我国的实施。

首先,精细化生产将在新技术革命的影响下,迅速扩展开来。有人可能会质疑,既然新的生产体系逐渐向信息化方向发展,那么传统经济模式下的分散化决策是否还能发挥作用、产生影响?

分散化决策的作用不会完全消失,但会逐渐降低。毕竟,除了价格变动,生产者还可以从其他渠道获得更多市场信息。

未来,是"数据为王"的时代,真实的消费数据决定了企业需要生产什么,而不是企业的生产决定消费内容。

如果说互联网企业伴随着信息技术革命的发展,逐渐成为"互联网+"时代的市场宠儿。那么,在未来很长一段时间内,那些成功实现互联网转型的传统企业,将成为"互联网+"经济生态中迅速崛起的新贵!

第3章 世界之眼：透过国际市场经验看"供给侧改革"

3.1 跳出凯恩斯主义"围城"，聆听来自国际的声音

3.1.1 外媒对"供给侧"改革的解读

☞ **微观新政**

在2015年12月23日闭幕的中央经济工作会议中，习近平主席不仅回顾总结了2015年的中国经济，更为2016年的经济宏观政策走向和工作重点定下基调，供给侧改革的重要性不言而喻，引发了境外媒体的高度关注和对"供给侧"的全新解读。

回顾"供给侧改革"的理论基础和历史经验，对照我国经济发展的现状，能更清晰地把握"供给侧改革"的出发点、内在逻辑和推进领域。而聆听来自国际媒体的声音，也能加深理解这一改革对中国经济的重要意义。

"供给侧"作为全新经济政策的表述，是对我国当前宏观经济政策思路的新认知，也指明了今后宏观经济政策的走向和着力点。

从习近平主席在中央经济工作会议中对2016年中国经济发展的前景展望中可见，我国政府将"供给侧改革"置于空前重要的地位，正力推"供给侧改革"以促经济转型（见图3-1）。

（1）外媒如何解读中国的"供给侧改革"

围绕"供给侧"，许多外国媒体纷纷站在新的视角，解读了中国经

济政策和经济前景。

图3-1 习近平主席对2016年中国经济发展的前景展望①

① 新加坡媒体解读"供给侧改革"

新加坡《联合早报》发表文章称：

面对经济下行压力不断增大，中国领导人继"新常态"之后，再抛另一经济关键词——供给侧改革。中国舆论纷纷推断，当局将在"十三五"期间，推动营改增结构性减税以降低企业成本、淘汰"僵尸企业"以化解过剩产能以及推进城镇化、国企改革、去房地产库存等等，在供给侧领域的结构性改革方面发力。事实上，中国新一届领导班子上台之后，大力推动简政放权、力促产业升级、鼓励企业创新以培育新动力等举措，都是供给侧改革的一部分。

该报道指出，中共中央经济工作会议是中国年度最重磅的经济会议，

---
① 图片来源：《参考消息》网

它将为中国"十三五"开局之年的经济描绘一幅清晰的路线图,其意义之重大不言而喻。

② 法国媒体解读"供给侧改革"

法国《欧洲时报》发表文章称:

中国经济既要稳增长又要调结构的局面已经形成,并且实现新常态、新发展的决心很强,这对经济决策及宏观调控提出了更高的要求。在中央经济工作会议给出的诸多应对之中,推进供给侧结构性改革无疑是一大亮点,也显示出最高决策层应对当前经济困境的新思路。

该报道指出,中国的供给侧结构性改革在年末陡然升温,给世人一种新鲜感。

但实际上,这一变化有着深刻的历史背景。伴随中国政府对"有效供给"的重视,中国经济发展由此走上供给侧+需求侧两端同时发力的新阶段。中国正试图通过供给侧改革恢复经济活力、助推经济转型的活动也将在未来风生水起。

③ 美国媒体解读"供给侧改革"

美国《华尔街日报》发表文章称:

中国消费者对于更安全的食品、更好的医疗保健以及其他能改善生活质量的商品服务的需求不断增长。"中国并非需求不足,要做的是进行供给侧改革来满足这些未得到满足的需求"。

该报更是援引了一位业内消息人士的话:

中国经济的最大限制在于供给不能满足变化的需求。因此,明年的焦点是实施供给的结构性改革,削减企业成本。

此人士还指出,经济危机后,中国和世界经济的恢复将呈L形,即大幅下跌后维持平稳增长。而明年中国仍将实行"宽松的"的财政和货币政策。

美国全国广播公司报道称:

对于世界第二大经济体来说，面对今年全球都在经济上尽显颓势的情况，需要做的或许会比其他国家要多，中国也是带领其他国家走出困境的主要动力。

文章称，近期中国政府在各个关于经济、金融的方面有大动作，包括人民币入篮以及加入欧洲复兴开发银行等，这一系列的行动和政策显现出中国政府的一个积极态度。

美国彭博社援引新华社报道称：

积极的财政政策要加大力度，阶段性提高财政赤字率；稳健的货币政策要灵活适度，为结构性改革营造适宜的货币金融环境。

中国的供给侧改革让世人看到，中国领导人将全力支持推进结构性改革，并遏制对信贷扩张的日益依赖。

供给侧结构性改革旨在调整经济结构，提升经济增长的质量和数量，使要素实现最优配置。这对我国经济改革发展具有更为深远的撬动影响。

（2）扭转经济形势的"组合拳"

资本经济公司首席中国经济学家马克·威廉姆斯表示："中国在恢复自身信誉方面面临挑战，为此将打出组合拳努力扭转经济形势，至少短期内如此。"

不管外媒如何看待中国的这项新经济政策，无可厚非的是，供给侧改革实质上是实体经济的一次重要回归。

正如习近平在吉林考察时说的："我们要向全社会发出明确信息：搞好经济、搞好企业、搞好国有企业，把实体经济抓上去。"

虚拟经济与实体经济相结合的"组合拳"配搭形式，有利于推动我国经济结构转型，而解决实体经济中的供需关系则是我国走出经济困境的关键环节！

3.1.2 丹尼尔·格罗斯：中国"供给侧改革"利好全球

☞ **微观新政**

当前，世界经济萎靡不振。

而中国经济更是面临前所未有的复杂环境和问题。

在全面深化改革的关键之年，需要更为丰富的宏观调控政策，提高宏观调控的水平。

而供给侧是从供给端入手的制度创新，是有效化解"中等收入陷阱"、"福利陷阱"、"塔西佗陷阱"①式风险的路径。

欧洲政策研究中心主任丹尼尔·格罗斯认为，供给侧改革是实现中国迫切需要的方式转变与可持续健康发展的"关键"和"红利所在"。

许多欧洲的经济专家、学者认为，此次中国的供给侧改革不同于以往通过投资、出口等传统引擎驱动经济的做法，它将给世界经济带来巨大影响。

欧洲政策研究中心主任丹尼尔·格罗斯在接受新华社记者采访时说："中国出台供给侧改革政策，增加供给，减少不必要的监管，可以说中国正朝着正确的改革方向迈进。比如，减税和降低借贷成本也能刺激消费。同时，通过放松对流动人口的管制，帮助房地产去库存等，将有利于建立更有弹性的经济，也有利于增加民众的安全感，并促进消费。"

供给侧改革的国际意义：利好全球

习近平主席早在亚太经合组织第二十三次领导人非正式会上就指出：

我们要改革创新，为亚太经济寻求新的增长动力。当前，面对新形

---

① 塔西佗陷阱：即Tacitus Trap，得名于古罗马时代的历史学家塔西佗。通俗地讲就是指当政府部门失去公信力时，无论说真话还是假话，做好事还是坏事，都会被认为是说假话、做坏事。

势新挑战,唯有让改革和创新两只手一起发力,方能拧动亚太经济的阀门、释放强大动力。要解决世界经济深层次问题,单靠货币刺激政策是不够的,必须下决心在推进经济结构性改革方向作更大努力,使供给体系适应需求结构的变化。

习主席强调的"改革和创新","新的增长动力"正是此次供给侧改革的重点。

这一面向世界的政策充分体现了我国对全球经济形势的客观认识和清晰判断——传统的经济刺激计划已经达到瓶颈。

从货币政策的角度来看,积极的财政政策也是国际通行的经济刺激手段之一,只不过由于世界各国捉襟见肘的财力才变得不可持续。经济下行压力使央行不断降低利率来刺激经济。但自金融危机后,欧元区将基准利率由2008年7月份的3.25%降到目前的-0.2%;美联储将基准利率由2008年的2%降到目前的0.25%。欧、美、日等国的基准利率则多年维持在0%左右,已经没有任何下调空间。

在这样的宏观背景下,我国只有通过结构性改革——加大供给侧改革力度,努力实现供给需求的新平衡,才能从根本上缓解全球经济持续下行的危机。

因此,供给侧改革不仅对我国的经济发展具有重大意义,同时也有利于全球经济的复苏和增长!

3.1.3 国外经济学者眼中的"供给侧改革"

☞ **微观新政**

在全球经济增长"平庸"之事态下,不乏一些经济体开始寄希望于财政刺激政策或宽松货币政策以寻求突破。

而仍以中高速发展的中国,选择将着力点聚焦在供给侧,力求运用政策杠杆,压旧促新,打造更具竞争力与生命力的中国新经济。

有国外经济学者指出:"中国经过多年的发展积累,早已摆脱计划经济时代的'普遍短缺',取而代之的是旧产能过剩与新供给短缺并存的局面。因此,供给侧改革是'加减乘除'并举,钢铁、水泥、玻璃等落后产能要削减,而交通路网、物流体系、新能源等还存在短缺,中产人数扩大产生的对高端优质产品和服务的需求也待满足。"

不仅如此,更多国外经济学者也从不同视角纷纷发表了自己眼中的"供给侧改革"。

在国外经济学者眼中,中国的"供给侧改革"正在对全球经济产生正面影响,还可能让寻求走出"新平庸"的其他世界经济体得到启发。

(1)国外经济学者解读中国供给侧改革

新加坡国立大学李光耀公共政策学院学者顾清扬说:

供给侧改革有利于中国经济持续发展,也会对亚太经济发展起到推动作用。

欧洲国际政治经济研究中心主任弗雷德里克·埃里克松说:

中国仍有巨大潜力提高供给侧的效率,让市场发生显著变化。中国发起全面供给侧改革将对世界经济产生积极影响,使其他国家效仿中国。中国经济对于世界经济来讲具有系统性的重要性,中国经济政策的领导作用也具有同样的重要性。

他认为,中国不会经历旷日持久的税收改革和劳动力市场的低效运行。

西班牙圣巴勃罗大学欧洲研究学院国际关系教授恩里克·凡胡尔也撰文指出:

跨国公司将中国看作低成本生产基地的感受越来越淡,反而更看重中国为创新提供的优势环境。

关于我国的供给侧改革,上述几位国外经济学者有一个共识:供给侧改革是助力中国经济可持续发展的新经济政策。

不仅如此,我国的供给侧改革还有强调"人"的供给优化、重大的扶贫意义、推动创新、聚集新兴产业等新内涵(见表3-1)。

表3-1 中国供给侧改革的新内涵

中国供给侧改革的新内涵	
内涵	分析
强调"人"的供给优化	即通过教育投资等,积累人力资本、提升劳动力素质,激发对增长和创新最具主观能动性的"人"的力量。
重大的扶贫意义	墨西哥中国问题专家格拉纳多斯认为,拉美国家的经验教训表明,贫富差距过大是造成"中等收入陷阱"难以突破的一个主因。而中国的"供给侧改革"在保障民生上提出精准帮扶,这符合中国"十三五"规划中的"共享"主题。
推动创新	麦肯锡公司在一份报告中说:"中国利用财政资源匹配企业力量扶持科研中心,确定了多个需要重点扶持的行业,如核能、医疗设备和电动汽车,这在推动创新的过程中发挥了决定作用。"随着"互联网+"被写入政府工作报告,互联网思维已经加入中国经济。如今,大众创业、万众创新已经如火如荼。
聚焦新兴产业	对于我国政府而言,减税简政的同时创新扶持,这难免会对财政形成压力。但对比国际普遍警戒的稳健红线——3%财赤率,国外经济学者认为:"目前中国财赤率为2.3%,还有扩张调整空间,未来略有突破也能承受。"因此,供给侧改革的重点更多是定向扶持,精准调控,聚焦更有竞争优势的新兴产业。

(2)中国新政"供给侧改革"的正确打开方式

中国政府围绕经济发展做出了两项重要决策。

一是提出十三五计划期间,国内生产总值每年平均增长速度保持在6.5%以上,实现全面建成小康社会目标;

二是在中央经济工作会议上提出,要着力加强供给侧结构性改革。

之前,中国把重点放在需求侧,事实证明,这存在问题。

而如果把重点放到供给侧,有两大基础理论体系作为支撑:

马克思主义经济学理论,这是我国政府制定政策的理论依据,通过劳动力、资本和剩余价值来分析经济。

索洛经济增长模型,这是西方经济学框架内的基础理论模型,通过劳动力、资产和全要素生产效率来分析供给。

从我国当前需求来看,两大基础理论在分析供给问题上方法近似,因此可以合二为一进行讨论。

既然"全面建成小康社会"和达到发达国家水平是我们的目标,不妨以全球目前最发达的国家——美国作为标杆来进行分析,透过世界之眼来看看我国要想进一步发展经济,如何才能以最正确的方式打开"供给侧改革"。

下面我们来研究一下推动美国经济增长的几大要素(见图3-2)。

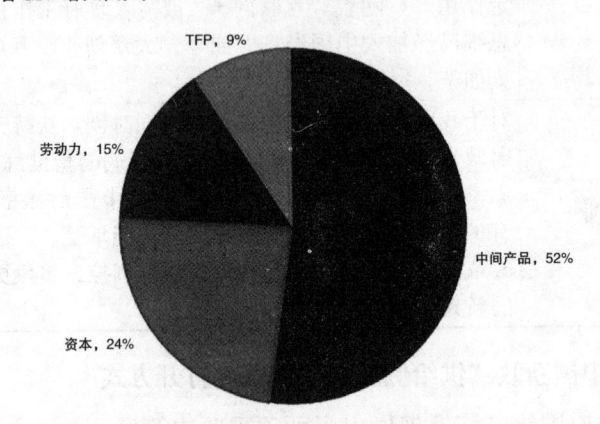

各GDP增长来源对1977—2000年美国非政府经济行业经济增长平均贡献率

TFP,9%
劳动力,15%
中间产品,52%
资本,24%

图3-2 各GDP增长来源对美国非政府经济行业经济增长平均贡献率[1]

---

[1] 图片来源:《生产率:信息技术与美国增长复苏》

接下来我将按照图中各要素的重要性依次进行详细分析。

美国有两大资本投入：

① 中间产品

中间产品，是指一个经济部门的产品（或服务）是另一个经济部门的投入。

例如，作为汽车零部件的方向盘，就是汽车行业的一种投入。

从财务角度看，中间产品实则是一种可以流通的资本。

在美国，中间产品增长是对经济增长贡献最大的要素，表示劳动分工得到进一步细化，中间产品的贡献率高达52%。

② 固定资产

固定资产投资是美国第二大资本投入，对经济增长的贡献率是24%。

在美国，还有15%的经济增长来自劳动力的提高，包括受教育培训程度的提高和劳动时间的延长。

而TFP是指全要素生产效率，指科技、企业管理等无形要素带来的生产效率的提升，它对美国经济增长的贡献率为9%。

相比之下，中国的现实是，目前我国济增长主要源于中间产品产量的提高。

因此，要想推动中间产品产量增长，必须进一步细化分工。但由于现阶段基础设施缺失，生产协作、市场细分、运输、交通等各方面都比较落后，国内劳动分工远不及美国的水平；同时，中国的人均固定资产投资和美国相比差距同样很大；美国劳动力人口一直保持年均3%的增长，由于中国过去实行计划生育政策，几十年间劳动力人口几乎没有增长；在劳动力素质方面，美国在高等教育领域占有压倒性优势，中国劳动力大部分只能达到中学水平；在全要素生产效率方面，从2009年到2014年的年均数据来看，美国是0.6%，而中国是0.8%，虽然比全球平均 0.1% 的负增长高很多。但全要素生产效率对经济增长的贡献率却很低。

透过世界之眼及以上分析，我们不难得出以下结论：

我们想跻身发达国家行列，就必须提升人均固定资产投资、扩大高等教育规模、改善劳动分工等等，而若想实现这些目标，中国就必须大力推行供给侧改革。

3.1.4 欧美货币政策背道而驰的启示

☞ **微观新政**

2015年12月2日，美联储主席耶伦发表讲话："期待加息的时刻，因为这将证明美国经济复苏的力度。"而2日公布的美国11月ADP就业数据[①]为美联储加息增加了筹码。数据显示："11月ADP就业人数新增21.7万人，远超预期，单月升幅创今年6月以来最高。"

2015年12月3日，欧洲央行宣布下调存款利率10个基点至-0.3%。欧洲央行行长德拉吉同时宣布："欧央行将延长量化宽松(QE)到2017年3月，或是更长时间。此外将扩大QE计划下资产购买的范围，将购买地区、地方政府的债务。"表明欧元区通胀下行压力仍在持续。

2015年12月4日，美国政府发布的非农就业报告显示："11月就业环比大涨21.1万超预期，这表明美国经济保持着活力，为本月加息铺平了道路。如果美联储在本月中旬的货币政策例会上启动9年来的首次加息，将标志着货币紧缩周期正式开启。"

欧洲央行不断降息，美联储试图升息。似乎美欧货币政策将出现少有的分化局面，有人认为，这将引发金融市场的剧烈震荡和全球资金流

---

① 美国ADP就业数据：被市场称为"小非农"，是对美国非农就业人口的提前预测，对黄金白银、外汇等影响巨大。

向的显著变化。但从另一个视角看，无外乎是需求侧玩过头的表现。

政策的错配只能令欧美经济发展前景堪忧。

所以，要想打破这种局面，欧美同样需要加强供给侧改革。

2008年金融危机之后，欧美主要发达经济体都面临着流动性急剧收缩的情况，共同的遭遇，使他们在货币政策方面无论是目标、方向还是所采取的措施都空前的一致，即一方面是通过实行超低基准利率刺激投资和消费、降低债务成本的做法来避免经济走向萧条；另一方面是采取扩张资产负债表的方式吸收公共以及金融系统内的债务来维持金融系统内流动性的相对稳定，避免流动性危机的出现。

实践表明，这种宽松的货币政策确实对挽救全球经济、避免大萧条和崩溃起到了相应的作用。但是，由于各国自身经济体结构、模式的不同，当同一种极度宽松的刺激政策作用在不同的经济结构上的时候，一开始各国的差异化表现并不明显，随着不同国家经济的复苏，差异变得越来越明显，必然会驱动各国央行在对待量化宽松和刺激政策决策的节奏上有不同的考虑，进而有可能会使当初方向一致的货币政策出现分化或者说是背道而驰。

欧美货币政策背驰启示录

不管欧美货币政策一致也好，分化也罢，说到底始终是在需求侧着力的结果，即不断追求需求改革——通过刺激社会需求促进经济增长。

这或许是因为欧美深受凯恩斯主义需求理论影响而忽视供给侧的结果。

欧美应从此次货币政策分化对经济带来的影响总结经验教训，当下，欧美央行迫切需要加强货币政策指引的政策协调，用更长远的眼光去审视未来的政策——是否应该共同推进需求侧改革与供给侧改革，甚至更应着力在供给侧方面，以确保货币政策既利于欧美经济发展又利于世界经济的复苏。

另外，货币政策必须得到结构性改革的支持。而不能一味靠放松或紧缩货币来实现经济复苏，这就需要实施供给侧改革实现经济增长。

① 欧洲启示

曾经，欧盟委员会对外公布了指引欧洲结构性改革的计划——"欧盟 2020 发展战略"。

该战略提出了三大战略优先任务、五大量化目标和七大配套旗舰计划。

这项计划试图通过结构性改革，削减与之不匹配的高福利，找到真正的经济发展动力。从而解决拖累经济发展的"慢性病"。

现在看来，欧盟在该战略计划的实施上进度缓慢，未来需更加努力。

② 美国启示

2008 年的全球金融危机彻底暴露了美国经济中的结构性矛盾。

而当时新上任的奥巴马总统以此为契机，欲通过结构性改革化解制约美国经济增长的矛盾。

其核心改革措施包括扶持新产业、加强管制与约束、税收制度、扩大工会影响力、普惠大众等（见表 3-2）。

表 3-2 奥巴马结构性改革的主要措施

奥巴马结构性改革的主要措施	
措施	分析
扶持新产业	扶持新能源产业，加大对信息技术基础设施的投入，恢复美国经济在全球的竞争力。
加强管制与约束	加强对市场经济，尤其是金融业的管制。打击投机活动从而降低宏观经济风险。
税收制度	通过税收制度改革增加财政收入，以支持日益庞大的财政支出。
扩大工会影响力	增强普通工薪阶层在社会经济中的地位，扩大劳工阶层的市场影响力。
普惠大众	增加社会福利，确保美国经济增长的好处惠及普通大众。

可以说，以上绝大多数内容都体现出了供给侧改革的重要性。

未来，无论是欧美还是中国，唯有沿着这种改革方向走下去，经济复苏势头才会更加强劲，从而促进世界经济的可持续发展。

3.2 放眼国际市场，国外"供给侧改革"是这样进行的

3.2.1 美国："1995 奇迹"

☞ **微观新政**

纵观近现代历史，任何一个高速增长的工业化国家，都逃脱不了"供给侧"出现的各种问题，例如：产能过剩、创新不足等。

通过对一些具有代表性的国家进行观察，吸取他们在半个多世纪发展中的经验与教训，我们也能获益匪浅。

1995 年，美国的经济泡沫出现了一次破裂，究其原因并非是因为需求的挤压而是供给的释放造成的，但美国近乎奇迹般的避开了这一经济周期的滞涨和衰退阶段。

当然，美国"1995 奇迹"存在许多促发因素，除了当时美国的前期市场化改革与经济出清之外，人口红利的二次释放、信息技术的快速进步、新兴经济体危机频发带来的大宗商品和其他进口商品价格的长期低迷，甚至是运气都是奇迹发生的有利因素。

在中国准备进入供给侧改革的当下，我们可以对美国当时的供给革命进行一下回顾，以供借鉴。

（1）美国的供给革命

美国在 20 世纪 80 年代的经济实践被称为供给革命。

美国于第一次世界大战后一跃占据了世界头号工业强国的地位，

同时美国的经济也开始成为现当代经济学发展的主要原动力。在二战以后，美国经济又经历了20年的高速增长，但从20世纪70年代开始，美国全要素生产率的增速大幅放缓。里根在1981年上台后，即针对当时的经济危机开始大刀阔斧的改革，相较于尼克松、卡特两届政府对于经济无节制的干预，里根通过货币紧缩、放宽市场准入限制和减税等措施减少了政府对市场的干预。改革沿袭到20世纪80年代，美国服务业在国民经济中的占比开始加速提升。

20世纪70年代，美国经济主要存在受滞胀困扰和结构性的问题（见表3-3）。

表3-3 美国经济存在的主要问题

美国经济存在的主要问题	
问题	分析
受滞胀困扰	一方面，通胀预期高升带来名义工资上升，减少了企业利润，压制了投资意愿；另一方面，"通胀预期上升，增加名义工资，物价上涨"的循环又使得通胀难以驾驭。在1980年底美国通胀率高达13.5%、失业率达到7.2%，而经济增长率为-0.2%，深陷"滞胀"泥潭。
结构性问题	例如，个人所得税的边际税率最高达70%，企业所得税税率高达46%，抑制了私人部门投资和生产的热情。此外，在交通运输、铁路、天然气、有线电视、银行等行业还存在限制进入和价格管制等问题，经营效率低下。

1981年里根就任美国总统之后，将供给学派和货币主义的主张贯彻落实，并提出"经济复兴计划"，其主要措施包括：降低税率、减少政府干预、紧缩货币供给等（见表3-4）。

里根的"经济复兴计划"大获成功，使美国走出了"滞胀"的泥淖，美国经济也随之迎来"大稳健"时代。至20世纪80年代中后期，美国经济增长率已从70年代的6%回落到3.5%左右，但是实际GDP、工业生产、就业增长、失业率等周期性宏观指标的波动率却都有明显下降。

表 3-4 里根的"经济复兴计划"

里根的"经济复兴计划"	
措施	分析
降低税率提高收入推动投资	里根上台前后美国政府已开始放松对部分行业的管制，主要集中在航空、交通运输、铁路、天然气等行业。20世纪80年代，有线电视、银行、通讯等服务业也引入竞争和重组，放宽市场准入。随着竞争程度的提高，企业经营效率提升，也带动生产率大幅提高。1982年以后，美国产能利用率开始稳步提升，带动企业盈利增长。
紧缩货币应对通胀	时任美联储主席沃尔克将反通胀作为货币政策的主要目标，提高利率，降低货币供应量，联邦基金利率一度飙升至20%以上。尽管在1980年通胀仍攀升至15%，但紧缩政策的可信性和连续性最终改变了公众预期，到了1984年，通胀被控制在了4%以内。

（2）美国供给革命启示录

美国"1995奇迹"能否在中国重新上演，所有人都翘首以盼。但事实上，从美国的经验来看，即便是当时诸多利好因素相叠加，供给改革对于经济增速的提升作用也是很有限的，甚至提升1～2个百分点可能就已经达到极限。总体来讲，就如货币主义大师弗里得曼所评价的："供给经济学其实就是最最基本的经济分析，它只是假定经济主体会沿着高回报的路径前进而已。"

3.2.2 英国：撒切尔夫人的经济改革

☞ 微观新政

诞生于1980年代的里根经济学、撒切尔经济学皆是国际公认的供给侧改革的经典案例。

供给侧改革促进生产效率提升，这对股票是利好。但是，供给侧改革对市场的利好作用却未必有刺激性投资来得直接，并且供给侧改革在市场的运行也不会一帆风顺。

撒切尔夫人的改革中也经历了重重阻力。

20世纪70年代末,英国经济在第二次石油危机的压力之下,陷入了严重的滞涨。

此时,"撒切尔改革"登上了历史舞台。

(1)英国的撒切尔改革

撒切尔改革与里根经济学的宏观背景基本一致。

在英国的债务积累已经出现了大幅上升,且英国面临着去杠杆压力的情况下,撒切尔夫人上台,随即在英国展开了"撒切尔改革"(见图3-3)。

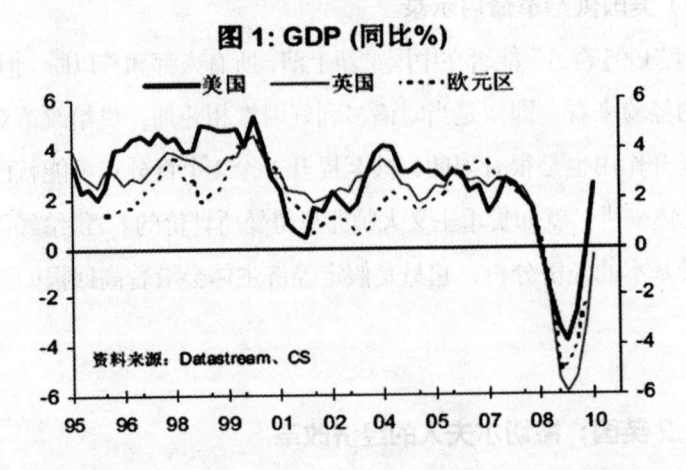

图3-3 英国在2008年金融危机中受到的打击与其他国家对比[1]

上世纪70~80年代,英国经济面临着GDP增速下降和通胀居高不下的双重压力。

值得注意的是,由于英国当时的国企过多,导致了全国范围内企

---

[1] 图片来源:国外知名数据库Datastream、CS

业的经营效率普遍降低。以煤炭、电力、天然气、运输等为代表的诸多行业中的国企在英国经济中占据着重要地位。但根据学界测算，整个20世纪70年代，英国雇佣了全国25%劳动力的国有部门只贡献了10%的GDP，并且很多国有企业处于持续亏损状态，需要政府财政补贴。

撒切尔的改革措施主要有几个方面（见表3-5）：

- 控制通胀；
- 加速私有化；
- 提高企业效率；
- 减少经济干预。

表3-5 撒切尔的改革措施

措施	分析
	撒切尔的具体改革措施
控制通胀	1979年，撒切尔任首相后，做的第一件事情就是控制通胀。英国政府为此不惜以就业率为代价，紧缩货币供给，基准利率在1980年一度达到17%。失业率在上世纪80年代初也因此大幅攀升，从5%上升到10%以上。但紧缩政策达到了预期效果，英国的通胀水平从21%的高位迅速下降至5%以下。
加速私有化	撒切尔政府对没有保留价值的国有企业进行了极具魄力地私有化改革，如阿莫仙国际公司、英国石油公司、英国铁路酒店、国际计算机有限公司、费兰梯无线电缆、英国航空，英国货运和英国货运码头局。另一方面，诸如电话、天然气、水、电力等战略性国有部门陆续上市。
提高企业效率	英国人均产出增长率在20世纪80年代后期已得到明显回升，人均GDP增长速度和工业生产回升速度相比欧元区其他国家更快。虽然短期失业率走高，但效率得到提升后的各企业逐步吸纳了过剩劳动力，失业率在20世纪80年代中期达到顶峰后出现明显回落。
减少经济干预	撒切尔政府还通过减税、废除物价管制等措施，减少政府对经济的干预。在其执政期间，高收入者的边际税率从80%降到了50%，低收入者的税率从33%降到了30%。与此同时还取消工会的法定特权，解放了劳动力市场；也取消了外汇管制，废除了政府对物价、收入和股利的管制。

20世纪80年代后期,英国经济的恶性通胀得到了控制,同时GDP增速逐渐由负转正。

以上无不表明撒切尔的改革取得了阶段性的胜利!

(2)英国撒切尔改革启示录

如今,我国也面临着政府角色弱化和市场化的双重挑战。

撒切尔改革对我国供给侧改革最大的启示是:改革不仅要有决心,更要有执行力。

撒切尔夫人在进行改革的"破冰期"曾遭遇了强大的阻力。英国历史上最为激烈的劳资纠纷事件之一,就是在她试图遏制势力强大的工会,通过彻底私有化及关闭效率低下的国企来缩小政府规模的时候爆发的,这甚至导致了撒切尔夫人同罢工的煤矿工人陷入对峙。

尽管撒切尔夫人在经济政策方面颇受后世诟病,甚至其功过并存,但她对于市场经济的执著和对于改革的决心,无疑是值得称道的。

撒切尔夫人通过对国有企业的深化改革以及对政府监管的放松,使英国这个从"日不落"到"日落"的老牌资本主义国家通过自由市场经济焕发了新的经济动力。而这一切都非常值得当前形势下准备进行供给侧改革的中国参照和借鉴。

3.2.3 澳大利亚:通过创新实现经济过渡

☞ 微观新政

澳大利亚矿业的繁荣在近年来逐渐消退,国内的经济发展也因此受到严重影响,为此政府一直在寻求新的经济增长点,寻求突破。2015年年终,澳大利亚总理特恩布尔宣布启动一项创新发展计划,以激发经济活力,推动经济转型——"作为发达国家,澳大利亚在劳动力成本上缺乏优势,因此推动高附加值产品生产及服务业发展是目前唯一的选择。"悉尼科技大学澳中关系研究院副院长詹姆斯·劳伦森在接受媒体采访时说，"尽管与矿业相比，目前创新产业的优势还不突出，仅占GDP的8%和就业人口的2%，但创新产业对经济发展的促进作用更加广泛，具备可持续发展的潜力。"

澳大利亚政府推出这项国家科学创新发展计划，目的在于进一步拓展与亚洲国家的合作。特恩布尔也表示："澳大利亚已经与中国、日本和韩国签署了自由贸易协定，亚洲市场为澳大利亚的企业带来很多机遇。"

农牧业、采矿业一直是澳大利亚这个后起工业化国家的传统产业。

自20世纪70年代开始，澳大利亚的制造业和服务业得到了迅速发展，并且占GDP的比重也在逐渐增加，尤其是服务业已经成为了澳大利亚国民经济的主导产业。目前澳大利亚的四大主导产业分别为：服务业（包括教育出口、留学业）、制造业、采矿业和农业。

澳大利亚是一个典型的资源多、人口少，资源成本低的国家。在矿业繁荣时期，澳大利亚的经济发展对资源出口依赖性极大，其股票市场也是金融和矿业占据主要地位，可以说经济发展很不平衡。

（1）澳大利亚的创新发展计划

近年来，随着国际大宗商品市场上铁矿石成交价格一路下跌，澳大利亚的矿业繁荣红利正在逐渐消失，曾经的重要支柱产业已难再担起支撑经济增长的重任。

据《澳大利亚人报》报道：

铁矿石价格持续下跌或将使澳大利亚2015—2016年度联邦政府财政预算赤字达到22亿澳元，未来4年内预算赤字可能将扩大至150亿澳元。

经济合作与发展组织在11月发布的经济展望数据中，已将澳大利亚2016年的经济增长预期从3%下调至2.6%。

面对矿业繁荣时期结束,澳大利亚政府唯有通过出台政策进行经济结构调整,向非矿业经济过渡,让创新成为澳大利亚未来经济的新驱动力,才能使澳大利亚的经济持续发展(见表3-6)。

表 3-6 澳大利亚调整经济结构的措施

澳大利亚调整经济结构的措施	
措施	分析
政府拨款	澳大利亚总理马尔科姆·特恩布尔为推动创新,宣布了政府10亿澳元(1澳元约合4.68元人民币)的拨款计划,鼓励创新,促进澳大利亚经济繁荣。马尔科姆·特恩布尔说:不像矿业繁荣,创新繁荣可以永远持续下去,未来澳大利亚想要取得成功,毋庸置疑创新将是发展的方向。
修订法案	澳大利亚将重新修订破产法,把创业失败者的破产期由3年减至1年,这将缩短中小企业者的创业间隔,进一步激发国民的创业热情。
税费改革	税费改革,减免1.06亿澳元税费,以支持天使投资人对初创企业的投资。为风险经营的企业提供税务优惠,增加科研项目的投入资金;为初创企业的投资减免3年的资本利得税,并向散户投资者提供优厚的税务减免。
吸引人才	在吸引创新人才方面,成立特别内阁委员会和"澳大利亚创新与科技理事会";拨款5000万澳元鼓励学生为新时代就业学习科技和数学技能;澳大利亚政府计划针对外国留学生增设创业者签证,吸引海外研究和创新人才来澳工作。

(2)澳大利亚创新发展启示录

澳大利亚的创新发展计划是特恩布尔就任澳大利亚总理以来,推出的首个重大经济政策。特恩布尔强调,"这项新发展计划是政府创新和发展政策的核心,政府也将为科学创新负责到底。"

今天,中国正在大力推进创新驱动发展战略,而澳大利亚也将重点鼓励创新经济发展,这为两国创新产业的合作提供了充分的契机和广阔的空间。

另外,在生物制药、清洁能源、材料工程等创新产业领域中,澳大利亚都具备行业优势,而这些条件恰恰能够满足中国当前对医疗养老、环境改善等方面的需求。

未来,中澳两国的科研机构和企业之间的合作势必越来越密切,这不但有助于促进两国创新产业的多元化发展,更能够推动两国的经济增长。

3.2.4 日本:度过产能过剩危机

☞ **微观新政**

1957年,日本在二战后遭遇第一次重大的产能过剩问题。

1957年之前的10年,日本虽然也存在战后复兴的内需,但其主要还是依靠出口导向型的经济发展模式,这一模式虽然使当时的日本经济快速持续地增长,但也使其对国际贸易的依赖程度与日俱增。当时的数据显示:1946年日本经济对外依存度仅为10%左右,而到1960年已提升为38.8%。

在遇到产能过剩问题时,日本也进行了产业优化调整,但这并不等于加速对海外的资本扩张和产能转移,而是首先从本国内部寻求解决问题的有利条件。

结果表明,日本这次以拉动内需和改善国民购买力为核心的经济改革取得了巨大成功。

1957年,产能过剩的问题在日本的主要行业中日渐显露。面对这一难题,日本从两方面着手来解决:一方面是提高国民收入;另一方面加速产业转型。

1960年,新上任的池田勇人内阁颁布了《国民收入倍增计划》,由此开始了将出口导向型经济向内需主导型经济转变的改革序幕(也称"消费革命")。在《国民收入倍增计划》中,强调提高国民生活水平和维持充分就业率,与保持 GDP 高速增长是同样重要的目标。

(1)日本的"消费革命"

1960 年,日本开始着手逐步解决产能过剩这一结构性的问题。

其主要改革措施有:制定产业准入标准、随时修改制度调整淘汰标准、保障就业避免失业问题、加强第三产业发展、调控产能与环保相结合等(见表3-7)。

表3-7 日本"消费革命"的主要改革措施

措施	分析
制定产业准入标准	以石化工业为例,1965 年,日本政府指定的产业准入门槛是年产乙烯能力达到 10 万吨。凡是进入这一产业的企业,都必须在政府登记现有设备,未登记在册的设备严禁使用,企业也不得私自随意增添设备。
随时修改制度调整淘汰标准	同样以石化工业为例,随着 20 世纪 60 年代末期 30 万吨以上成套设备市场日渐成熟,日本政府也随之将产业准入门槛提高到 30 万吨。对于登记在册的设备,日本政府也在遵循科技发展脉络的基础上,逐步完成新老更替。比如通过法案设置"淘汰两台旧设备才可添设一台新设备"的原则。
保障就业避免失业问题	在通过一系列鼓励政策频繁对设备更新换代的同时,为避免淘汰落后产能造成大规模失业的情况发生,日本政府制定了大量措施保障失业人员的职业培训和再就业,并设置公共事业岗位提供给失业人员。
加强第三产业发展	大力推进文化产业和服务业发展。例如,20 世纪 60 年代日本福岛县磐城市淘汰落后煤矿产业,兴建"夏威夷娱乐中心"等第三产业。
调控产能与环保相结合	通过内部需求解决产能过剩问题。在水泥产业,日本的水泥年产量已通过调控由 1990 年的 8600 多万吨降至 2013 年的 5400 多万吨。并且日本政府还针对水泥生产企业制定了"生产一吨水泥就要消耗 400 公斤垃圾资源"的规则,可以说将调控产能与环保产业进行了紧密结合。

(2)日本"消费革命"启示录

在"消费革命"的影响下,1961 年到 1970 年日本的 GDP 年均增长率超过 10%，国民收入的年均增长率也超过 10%，中产阶层占总人口的比率超过 80%。同期，国内民间消费对 GDP 增长的贡献率基本连年超过 60%，从而成功地化解了产能过剩的问题，最终使日本成为亚洲国民平均生活水平最高的国家。

此后日本经济数十年的稳定可持续发展，也要归功于当时的内需型主导经济使设备投资与制造业生产形成了良性的互动。而这种藏富于民的政策，也使日本在遭遇世界性经济危机时具备充足的抵抗能力。

事实上，无论是供给侧改革，还是传统的需求刺激政策本质上都是在直接刺激企业收入的基础上出发的。企业节约社会成本，促进有效需求的扩张，才能形成良性循环。从日本的"消费革命"可以看出，有效需求最终还是来自于居民预期收入的增长。

3.3 你变或不变，它都在逐渐渗透、释放新经济红利

3.3.1 无形的手：以供给侧改革拉动全局经济

☞ **微观新政**

2008 年，随着全球金融危机的爆发，世界各国的经济纷纷陷入低迷。以 2010 年开始，美国的经济逐渐走出衰退，进入增长阶段；而近五年以来，中国的经济却处于连续下行阶段。

单从表面来看，可能很多人会认为美国经济走出低迷的主要原因是美国政府连续几轮的量化宽松政策。然而事实上，真正使美国经济走出低迷的，则是以苹果公司为代表的众多新供给、新动力集合的力量。

2008 年，我国政府投入 4 万亿元用以刺激国内需求、保持经济平稳增长，并且在 2009 年迎来了一段短暂的经济增长期，但到 2010 年我国经济又开始处于下行阶段，2015 年第三季度，中国经济同比增长仅

为6.9%,这也是近6年以来首次跌破7%,由此,中国经济面临巨大的下行压力。

这虽然与中国实施经济体制改革不无关联,但造成中国经济持续下行的真正原因,则在于生产要素过多的集中于那些供给成熟及老化的产业,而落后的供给结构造成了供给效率与供给质量的低下。

有效解决当前经济结构性问题的关键所在就是实施供给侧改革。推动供给侧结构性改革,一方面能够有效缓解当前经济运行中的主要矛盾,另一方面还能够凝聚改革共识、形成改革合力,从而促进中国经济焕发出新的活力。

在2015年11月10日召开的中央财经领导小组第十一次会议上,中国国家主席习近平首次提出了"供给侧改革"。此后的10天内,中央高层4次提到供给侧改革,一时间供给侧改革迅速成为各界关注的焦点。

"相比于已经获得的利益,思想更能够对人类造成威胁。"英国经济学家凯恩斯在其著作《通论》的最后发表了这一观点。事实的确如此,在没有科学理念作为指导的情况下,人们所采取的经济政策往往容易只局限于眼前的利益而不能放眼于未来。

拉动全局,使经济全面复苏的供给侧改革

在长期的发展过程中我国总结出,整体经济如果仅依靠需求管理来实现复兴异常艰难,而且为了拉动需求,我国已经实行了一系列货币政策与财政改革,但收效甚微(见图3-4)。因此,之所以现在提出"供给侧结构性改革"是很容易理解的。

① 央行降息

从2015年1月开始,央行不断下调存款准备金率与存款利息,且计划向基础设施建设投资2万亿元,但经济发展并没有向好并实现复苏。早在2009年就开始实施的拉动需求的"四万亿"计划，效果同样不理想。

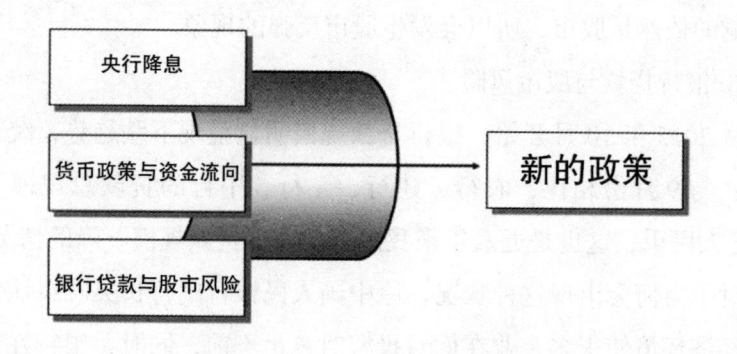

图3-4　货币政策与财政改革

现在，一个明确的结论摆在国家面前，外部因素不是阻挠我国经济发展的主要问题，来自内部的压力才是问题的关键所在，并且这种阻挠呈现出持续性和结构性。

习近平主席在2015年11月18日举行的亚太经合会议上，也曾提及关于我国经济结构改革的问题，正如他所言：货币刺激政策无法从根本上解决经济问题，只有实现经济结构性的改革，才能让整体的供给与需求更加匹配。

② 货币政策与资金流向

国内很多企业在发展中产能得不到有效利用，已经负债累累，是我国之前实施的货币政策没有取得预期效果的主要原因。因此，在这种情况下，货币政策不但无法拉动经济投资的增长，反而会导致资产价格膨胀。

中国世界经济学会会长余永定，曾就资金流向发表过专业观点：投资回报率不断下降，使信贷需求随之走低，最先受到影响的是房地产行业，政府在进行宏观调控时，企图将房地产领域隔绝在外，不受其影响，但影子银行乘虚而入。在影子银行遭到压制后,股市首当其冲,发生危机,之后,债市面临巨大的资金流,因为债市的吸收能力有限,最终受到影响的依然是股市,所以会发生股市反弹的现象。

③ 银行贷款与股市风险

从2015年10月开始,银行贷款规模明显呈现下跌趋势,统计结果显示:与9月份相比,农行、建行、工行、中行的贷款总规模下降了656亿人民币,这也是近六年来我国首次出现贷款规模下降的情况。

对于为何会出现这种状况,原中国人民银行副行长吴晓灵认为:恶劣的经济环境使很多企业在面对投资时裹足不前,同时,银行在放贷时也提心吊胆。银行超额储备率呈现增长趋势,银行间利率持续下跌,足以证明我们不缺乏流动性,而是缺乏足够的投资勇气。因而,在吴晓灵看来,解决这个问题的途径就是调整经济结构,将效率低下的企业淘汰出局,解决过剩的产能,逐渐增强投资者的信心。

事实上,如果实体经济不能吸收流动的资本,它们必然会流向资本市场。

金融危机发生后各国采取的应对措施以及相应结果可以证明,大多数投资者在资产泡沫破裂、负债失衡时都会选择将资本牢牢攥在手中,而这个时候很多国家所采取的货币政策发挥的实际作用很有限。这种情况下的货币政策就如同资本流动性的提高,不但不能对实体经济的发展起到推动作用,反而会导致股市风险不断上升。

所以,国家在之前实施的扩张性经济政策虽然是为了拉动全局经济增长,但种种结果表明,当前的经济发展形势并没有好转,更加剧了股市泡沫不断膨胀。于是,中国为了彻底打破和改变这种局势,决定进行供给侧结构性改革。

3.3.2 自我调节：由过度依赖"西医"转变为"中医为主，西医为辅"综合疗法

☞ **微观新政**

2015年11月10日，中央财经领导小组第十一次会议召开，中共中央总书记、国家主席、中央军委主席、中央财经领导小组组长习近平在讲话中首次提出了"供给侧改革"的概念，并强调"在适度扩大总需求的同时，着力加强供给侧结构性改革，着力提高供给体系质量和效率，增强经济持续增长动力。"

11月11日，国务院总理李克强主持召开国务院常务会议，部署"以消费升级促进产业升级，培育形成新供给新动力扩大内需。"

11月17日，在"十三五"《规划纲要》编制工作会议上，国务院总理李克强强调："要在供给侧和需求侧两端发力促进产业迈向中高端。"

11月18日，亚太经合组织（APEC）第二十三次领导人非正式会议在菲律宾马尼拉举行，习近平总书记发表了重要讲话，再次提到这一概念，并表示："要解决世界经济深层次问题，单纯靠货币刺激政策是不够的，必须下决心在推进经济结构性改革方面做更大努力，使供给体系更适应需求结构的变化。"

"供给侧"这一概念一时成为了我国当前经济领域最火的词汇之一。

"供给侧"这一概念之所以会受到如此重视，是因为它不仅关系到我国的经济命脉，更与民生问题息息相关。

（1）需求端与供给端

投资、消费与出口这"三驾马车"一直以来都是拉动经济增长的重要措施，而这"三驾马车"其实都属于"需求"一端。与之相对应的"供给"一端，则主要指供给与有效利用生产要素。

① "供给侧"的改革侧重点在于供给端

中央频繁提到的供给侧改革，侧重点在"供给"一端，其目的在于通过采取各种措施以达到解放生产力和提高竞争力，进而促进整体经济结构优化升级并获得进一步的发展。落实到具体行为，就是将市场上现存的比如僵尸企业、落后产能等有碍经济发展的因素进行清理和淘汰，并且在新兴或高科技领域探求新的经济发展方向，创造出新的经济增长点。

② 当前经济无法满足消费者日益增长的消费需求

尽管我国国民经济在近年来得到了持续的发展，国民收入水平也在不断提高，但却仍然无法满足消费者日益增长的消费需求。

以智能手机为例，国人对智能手机的需求量日益增大，但主导智能手机市场的却尽是iPhone、三星等国外的品牌，本土鲜有能够与之抗衡的高端智能手机品牌。

当我们在为国货怒其不争时，也应该从中发现国家长期以来对"供给"的疏忽，这才是造成当前市场需求无法得到满足的根源所在。而如今，中国的经济结构要实现彻底的转型和升级，就必须有针对性地对相关的领域和产业进行扩大投入与生产。

（2）"需求侧"如同"西医"，供给侧如同"中医"

纵观历史长河，我国宏观经济管理的重点始终在"需求"端而忽视了"供给"端。

例如，眼下的打车难问题，如果只是一味地提价或是进行油价补贴，而出租车总量得不到增加，依然无法从根本上解决问题；再比如，政府多次调控一、二线城市的房价都未见实际效果，原因就在于只在"需求"端发力，有效供给却无法得到满足（见图3-5）。

在经济学领域里，"需求侧"扮演了"西医"的角色——"头疼医头，脚疼医脚"，病情能够很快得到缓解，疗效显著，但却"治标不治本"。

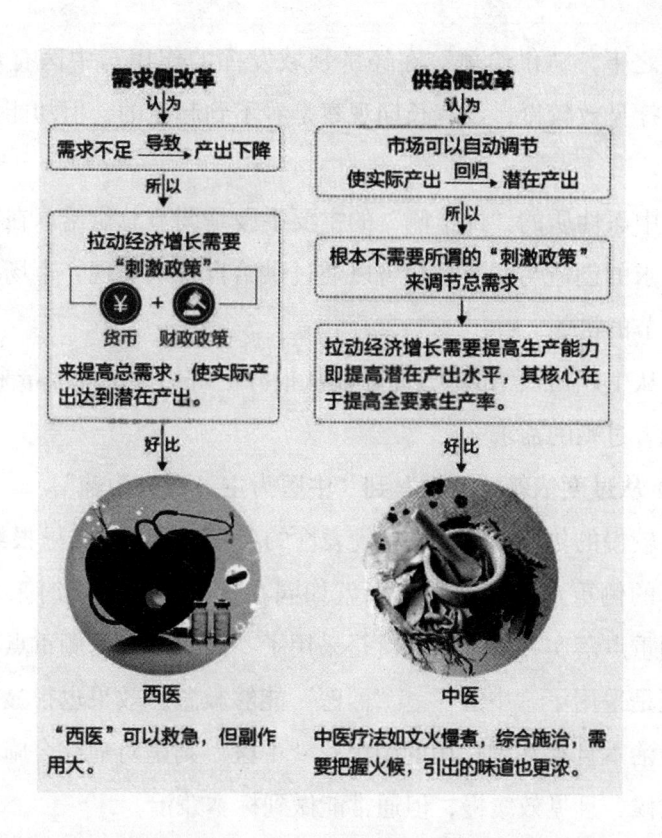

图 3-5 关于需求侧改革和供给侧改革的比喻及对比[1]

    这方面的著名代表"医师"为凯恩斯。这位西医的主要诊疗手段为调节市场需求,以求达到管理国民经济的目的,此"医师"的管理政策核心是政府通过在财政与货币两方面采取积极政策,实现刺激投资与社会需求的目的,从而弥补私人市场有效需求不足的情况,进而保障就业。例如,当经济增长减速时,凯恩斯"医师"的治疗方式是多发行货币以刺激需求,这样一来,产生经济危机与社会失业的基础就被化解了,经济增长速度很快就恢复了。

---

[1] 图片来源:每日经济新闻

相比之下,"供给侧"在经济领域发挥的作用与中医有着相似之处——治疗见效较慢,没有长期观察是看不到起色的,但却能做到"标本兼治"。

具备中医性质的"供给侧"的主要手段是调节总供给。在"中医"看来,需求的创造与调节往往可以通过供给自身来实现,市场本身具备着自我调节的机能。

唯有从生产与供给上着手,才能从根源上解决经济滞涨带来的困难,消除消费者过剩的需求。

(3)从过度依赖"西医"到"中医为主,西医为辅"

见效较慢的供给管理,最具代表性的典型案例即为"里根经济学"。

改革的侧重点落实在哪方面就如同在诊疗经济痼疾时采取何种疗法,若侧重点落实在需求一端就是采用了"西医",而侧重点落实在供给一端就是采用了"中医"。"西医"能够救急,效果也很显著,但却往往不能治本且存在副作用的隐患;"中医"则是对症综合施治,需要一定的火候,且见效缓慢,但通常能做到标本兼治。

我国在以往的经济发展过程中,针对制约经济发展的问题,都采取了"西医"疗法,许多政策的推行都只在需求一端发力,并且一定时期内效果也确实显著,可以说为经济的稳定增长做出了巨大的贡献。但是,在中国经济已然迈进新常态阶段的情况下,市场需求结构也发生了翻天覆地的变化,此时"中医"疗法就该适时地登上舞台。

政府面对当下不容乐观的经济发展形势,并没有如以往一样出台大规模的计划来刺激经济,而是实行了简政放权,开始着力激发市场内在的活力,以期市场充分地发挥其自我调节能力。从这一点可以看出,我国在未来的经济改革中,将从过去过度依赖"西医"逐渐转变为"中医为主,西医为辅"的综合疗法。

3.3.3 对企业的红利：从供给侧改革中大受其益的万达

☞ **微观新政**

2015年1月18日，国家主席习近平在一次会议上再次对供给侧结构性改革进行阐述。他强调："供给侧结构性改革要从生产端入手，重点是促进产能过剩有效化解，促进产业优化重组，降低企业成本，发展战略性新兴产业和现代服务业，增加公共产品和服务供给。"自此供给侧结构性改革引起举国关注。

"去产能、去库存、去杠杆、降成本、补短板"被确定为供给侧改革的五大任务。

但是，在房地产领域，大多数房企对供给侧改革仍感困惑，对于该干什么、该怎么干尚不明确。

而万达集团在董事长王健林的主导下，于2014年年末就已经开始了公司的第四次转型——从房地产企业转型为科技服务型企业。王健林曾说："一个世纪以来，全球大型房地产企业没有一家转型成功。万达就要改写世界经济历史，成为世界首家大型房地产企业成功转型为服务业企业的样板。"

向来以行动力著称的万达通过主动调整业务结构、强力推动文化服务产业、全面国际化等战略举措，在2015年使集团资产达到6340亿元，同比增长20.9%；2015年收入2901.6亿元，同比增长19.1%，可以说打了一手"转型"的好牌，同时这也为其他房企推进供给侧改革提供了经验、借鉴和启示。

（1）万达转型不做"花架子"

老生常谈的"转型"早已让诸房企习惯性麻木。

但是，一家公司"好与坏"的区别就在于，是把转型当做一句口号，还是脚踏实地去做系统性的全面改革。真正地调整结构、转换方式，都要求企业必须具备极大的勇气和决心，要敢于对眼前的一些既得利益进行割舍。

2016年1月16日，王健林在万达集团年会上表达了企业转型的坚定意志：

"万达转型绝不是口头说说，样子做做，而是说到做到。"王健林将2016年确定为万达的转型关键年，并提出三个具体目标（见图3-6）。

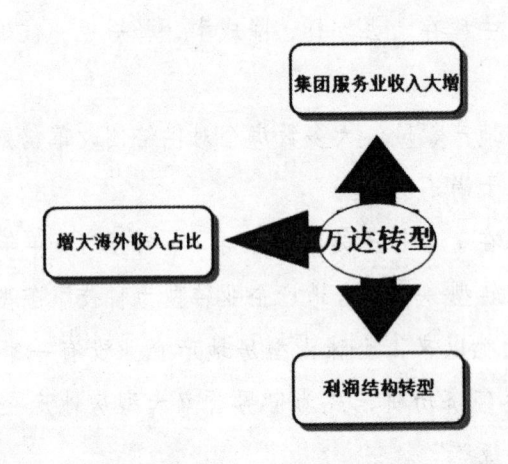

图 3-6　万达转型的表现

① 集团服务业收入、净利占比要超过55%

万达2016年服务业收入和净利润两项指标占比要超过55%，力争到60%。"到2016年底，万达将不再是房地产企业，而成为综合性企业。预计到2017年，万达超过2/3的收入和净利润将来自服务业，比原计划提前一年实现转型目标。"

② 利润结构转型

万达商业利润结构发生变化，力争在2016年使万达商业50%以上的利润来自地产之外。

③ 增大海外收入占比

2016年万达集团海外收入占比力争达到20%。

王健林在年会上还透露出一个重要的信息：

万达2016年在地产上的收入目标是1000亿元，现主动将2016年房地产收入目标下调了640亿元。

万达在地产业做减法的同时，其服务业收入目标在大幅增长，且轻资产模式也已落地。

王健林给出的解释是："我看到一篇文章，说首富要退出房地产，其实万达不是退出房地产，只是不再把房地产作为主导产业，不再作为万达收入和利润增长的主要来源。因为房地产是周期性行业，好几年、坏几年，而且全世界房地产的发展规律是，只要城市化率达到75%，自有住房率超过80%，房地产行业就会萎缩。万达要追求长期稳定的现金流，就必须转型。房地产万达还会一直做下去，只是把收入规模稳定在千亿元左右，不再扩大规模，增长主要靠其他产业。"

（2）抓住了创新，就是抓住了"牛鼻子"

"抓住了创新，就抓住了牵动经济社会发展全局的'牛鼻子'"，这句话无论是放在国家层面还是放在企业层面都适用。

习近平主席指出，要通过创新培育发展新动力、塑造更多发挥先发优势的引领型发展，做到人无我有、人有我强、人强我优。

若从世界经济发展过程来看，中国作为正处于新旧动力衔接阶段的全球第二大经济体，必须以供给侧改革来促进企业创新，从而为市场提供更多更高品质、更好体验的产品和服务，最大化创造有效供给。

以供给侧改革为背景来看待万达目前的转型会发现，文化旅游产业和网络金融产业已成为了万达今后跻身国际一流跨国企业的新动力引擎（见表3-8）。

表3-8 以"供给侧改革"为背景的万达转型落地策略

以"供给侧改革"为背景的万达转型落地策略	
创新要点	策略分析
拥抱文化产业	万达文化集团已形成影视、体育、旅游、儿童娱乐四个产业版块。除旅游版块是中国第一外，其他三个版块按收入规模都位列世界第一。电影产业方面，万达影视在1月12日以35亿美元并购美国传奇影业后，2016年收入也将成为世界电影产业收入最多的企业。中国外交部对此表示：此举有利于中美之间的经贸合作和人文交流。 值得称道的是，在进军文化产业的过程中，万达获得了大量的知识产权。目前万达已累计在中国及全球获得专利及知识产权4219件，其中绝大多数是文化类知识产权，这也为万达文化产业的国际化发展提供了根本的保证。
迈向互联网领域	万达在互联网领域也经历了磨合、试错的过程。"再好的技术、再好的产品，如果不盈利，是无法长久生存的，商业不能光靠讲故事。"1月18日，王健林出席香港亚洲金融论坛时，首次对外正式发布万达网络金融O2O战略，提出把网络平台发展方向锁定在网络金融。万达网络平台的架构包括五大版块，即大数据应用、征信服务、网络信贷、移动支付和非凡卡业务。尤其是网络金融信贷余额2020年将力争达到3000亿元，其中企业信贷1000亿元、个人信贷2000亿元。

可以说，万达已经在供给侧改革中受益匪浅，并且正在向国际一流企业奋勇迈进。

然而，万达模式并非谁都能够复制，但是如何坚持将企业战略与国家发展大势形成同频共振，从而实现从国家、社会到企业多方共赢的经营理念，是值得中国企业家深思和借鉴的。

3.3.4 对民众的红利：与生活息息相关的新实惠与便利

☞ **微观新政**

中国经济在迈入新常态阶段以后面临着诸多新的矛盾与问题。

一直以来很多人将"GDP增速"看作是衡量经济发展的唯一标准，一旦该数值出现一点下滑，就会跳出来唱衰中国经济。然而事实上，中国经济存在的问题并非是速度问题，而是结构问题。

中国经济的腾飞，自改革开放以来得以迅速实现，如今中国已一跃成为世界第二大经济体。但是，在如此迅速的发展过程中，重化工行业以及制造业中爆发了极为严重的产能过剩问题，而该问题又给经济下行增加了非常大的压力。此外，结构性的有效供给不足是另一个严峻的问题。

在这种情况下强调供给侧改革，表明了中央已经认准"病根"，要将改革的侧重点从需求一端转移到供给一端，全力激发经济发展的新动力。

随着我国步入收入水平中等偏上国家的行列，消费需求自然也会发生变化。因此，国家只有将产业结构进行优化升级，出清产能过剩行业，并加快发展现代服务业与高端制造业，才能在当前新的形势中汇聚新的竞争力。

供给侧改革给普通民众带来的实惠和便利

供给侧改革对目前的中国经济来说是一剂良药，而对于普通民众，即意味着实惠与便利。

① 不必再费力"海淘"

2015年的天猫"双十一"大促，一天内某家外资超市卖出了224万升进口牛奶，相当于中国每天液体奶需求量的一成；与此同时，日本纸尿裤、韩国化妆品以及澳大利亚的婴幼儿奶粉等"跨境"商品，在国内市场上都异常畅销。

海外商品在国内火爆的现状，足以引起我们对国内同类产品质量的反思，如果我国供给端提供的商品价格和质量都与海外商品相差无几，那么消费者还会舍近求远么？

如果供给侧改革能够顺利实施，国内同样能够生产出"物美价廉"的产品，消费者也就不必漂洋过海地跑去国外大肆采购了。

② 教育、医疗、住房等难题将得到缓解

生活中，教育、医疗与房地产等都是与人民群众密切相关的领域，而当前在这些领域中普遍存在着"供给抑制"的问题，上学难、看病难、买房难等一系列问题都是由此造成的。

因此，只有彻底打破"供给抑制"，积极鼓励与引入民间资本，才能够满足民众对社会服务最基本的要求，使民众享受教育、医疗、住房等方面的基本权利。

以房地产业为例，政府在过去对楼市进行调控时总是从控制需求着手，房价地价也随着调控一直暴涨，限购、限售等手段不但没有真正解决问题，反而使得买房卖房等市场行为愈加困难，居民在最基本的住房需求上都无法得到满足，需求升级又从何谈起呢？而供给侧改革的进行，可以在公租房和保障房以及土地资源等方面增加供给，并使供给结构得到改善，只有如此才能从根本上解决当前的住房难题。

3.3.5 困境不再来：上一轮改革回顾与本轮供给侧改革形势分析

☞ **微观新政**

80年代的美英改革和1998-2002年的中国改革，都处于全球化尚在路上、国际市场的开发并未结束的大背景下。因此，全球化红利与国际分工为这些国家的阶段性改革提供了摆脱危机的机会。

如今，国际分工产能转移与全球化红利已然宣告终结，无法给予改革外部助推力，由此，改革面临的困难将更为艰巨。

当国内房地产业中期见顶，红利缺失时，发起于1998年的改革，通过住房市场化，成功地促进了房地产业的发展，并且形成了超级地租。

从结果看，这次改革不仅启动了国内的一个支柱产业，同时政府还利用土地经济红利分享机制以及税收回旋机制，将中国加入WTO所获取的全球市场红利，统统予以回收。

而现今，房地产业作为政府对市场直接的财政循环机制，又面临着中期需求的见顶。只是由于经济增长引擎的缺失，本轮的供给侧改革将更为艰难。

与80年代的美英改革和国内1998-2002年的结构性改革相比，由于当前世界已普遍进入老龄化社会，而且全球主要经济体65岁以上老人的比例仍在快速上升。

相应的，在过去的30年间，各发达经济体的高福利体系在高负债压力之下，纷纷到了难以维系的地步。

政府迫于"老龄化成本"与债务压力，采取了提高退休年龄、降低福利支出等措施以应对财政压力。但是这一系列措施，却导致了需求的抑制和有效市场的萎缩。这也增加了本轮供给侧改革的外部压力。比如：长期的泡沫趋势和理性市场的扭曲都加剧了经济的风险；由于全球"金融一体化"联通的深度和相关信息传递的速度，极易引起风险的传导与共振；国际格局的多极化博弈和全球化治理体系的碎片化加剧了中国本轮供给侧改革的国际性挑战。

当然，除了外部压力，当前进行供给侧改革也具备诸多优势。

告别困境，本轮供给侧改革的优势（见图3-7）

当前的通缩周期，对减轻改革的痛苦裨益甚多。相较于80年代英美政府面临的高达两位数的通胀与失业率，当前的国内经济仍然处在通缩周期内，因此刚好为供给侧结构性改革提供了良好的时间窗口——政府在通过宽松货币政策，降低企业财务成本压力的同时，为出清过剩产能及债务重组减轻了改革的压力。

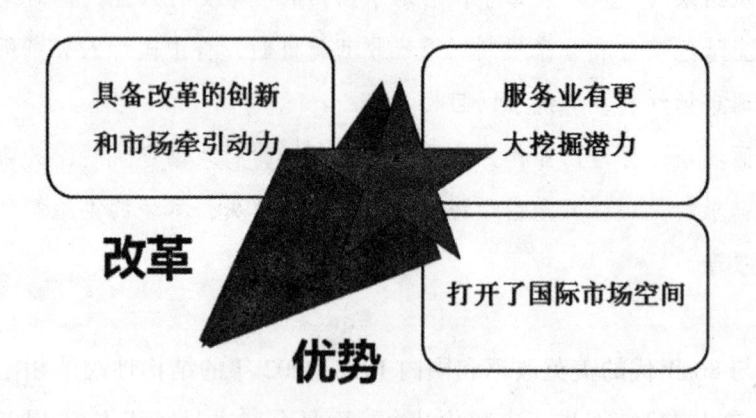

图 3-7 供给侧改革的优势

① 具备改革的创新和市场牵引动力

改革的创新和市场牵引动力，来自于新技术储备及国内品质型产品市场的需求空缺。就当前而言，国内的工业门类十分齐全，内外技术代差也基本能够抹平，基础理论与研究投入也已取得了长足进步，工程师数量已居世界前列，尤其在互联网及信息技术领域，局部能力已有引领世界的水准。目前国内的新技术及相关人才储备已具备基础，并且，在国内的品质型产品市场中存在较大的需求空缺，这也为供给侧结构性改革提供了良好的市场契机。政府可以一方面通过供给侧结构性改革，对企业的行业集中度和产品溢价能力进行提高；另一方面，又可以通过出台各项政策，在产业价值链上引导企业迅速向上移动，最终达到填补国内市场需求空缺的目的。

② 服务业有更大挖掘潜力

当前，我国的经济耐受性已经明显提高，服务业仍然存在着较大的挖掘潜力。当全球深陷经济增长泥沼，且处于国家治理范式调整的时候，中国的 GDP 已经稳居世界第二位，贸易总量坐拥世界第一，可见中国改革的经济耐受性也已相对成熟。而当前国内充足的财富积累以及农村数以亿计的劳动力，都使服务业的发展具备了较大的挖掘潜力。

③ 打开了国际市场空间

通过对国际治理权的竞争，中国为自己打开了向上的国际空间。就目前的全球治理体系而言，已无法适应当下的形势需求，亟须进行制度性重构。随着美国在工业化战略上的步步推进，全球化新经济贸易和治理体系竞争的序幕已然缓缓拉开。而通过对一路一带、人民币国际化、SDR 等战略措施的实施，足以表明中国在国际治理话语权上的实质性提升，同时，随着中国国际治理话语权的提升，也为国内产业更多占据国际份额构建了战略上的依托。

你改或不改，改革的时刻都已经到来！

你变或不变，它都在逐渐渗透、释放新的经济红利！

【实施策略篇】
供给侧改革的逻辑、战略和路径

当中国经济增长持续放缓、滑向泥潭,供给侧改革登上了历史舞台。

国务院总理李克强在"十三五"规划纲要编制工作会议上指出:"要在供给侧和需求侧两端发力促进产业迈向中高端。"在2016年全国人大十二届四次会议上所作《政府工作报告》指出,"在适度扩大总需求的同时,突出抓好供给侧结构性改革。"在2016年重点做好"加强供给侧结构性改革,增强持续增长动力。"

中央财办主任、国家发改委副主任刘鹤也强调重视"供给侧"的调整。

事实证明,我国经济的下滑已经不是周期性的波动,而是一场结构性的危机。

再完美的思想终要化成行动才有意义。

任何改革新政都要在落实之后才能看见成效。

逻辑、战略、路径是供给侧改革能否有效实施、落地的三个决定因素。少了其中任何一环,改革都难以有效落地!

第4章 逻辑：风起于青萍之末，改革始于思之慎

4.1 从哪里出发就有哪些不同的抉择——供给侧改革的4个方向

4.1.1 方向1：从原点出发，让供给创造新需求

☞ **微观新政**

在飞机没有问世的时代，如果去做市场调查问人们需不需要飞机，有几个人会说他需要？但如果你问人们想不想飞翔，会有多少人说不想？

因此，要了解一个新事物会不会有市场，不能全凭调查，更不能盲目地根据市场反映去确定需求是否存在，因为往往一个新事物所对应的需求是隐藏的，在产品没有面世之前，调查的结果也只会是得不到用户的认可。

法国经济学家让·巴蒂斯特·萨伊（Jean Baptiste Say）[①]提出的萨伊定律认为，供给能自行创造需求，供给与需求保持恒等，不会出现生产过剩。而新供给主义经济学表示，只有满足一定的条件，供给才能自行创造需求。在新供给形成以及扩张阶段，供给可以自行创造需求，而当供给成熟及老化时，供给无法创造需求。

在判断一个新事物是否存在市场需求的时候，可以首先从自己出发，通过感悟来分析判断，思考这个新事物所对应的需求与人类的一些基本需求是不是有相关性，而只有切合人性的事物才会是有需求的。

---

① 让·巴蒂斯特·萨伊：法国资产阶级庸俗政治经济学的创始人。主要著作有：《论政治经济学，或略论财富是怎样产生、分配和消费的》（简称《政治经济学概论》）等。

供给满足需求，需求促进供给

在新供给形成及扩张的过程中，成本的制约及制度的限制都会导致供给无法自行创造需求，而一些新供给如果受到过多的限制就会无法形成生产力。因此，我国现阶段的任务是创造有利的条件，从根本上解除供给受到的诸多限制，再对供给侧进行结构性调整，引导和创造出更多的需求，进而推动整体经济的增长。

① 未来的新需求和新供给

信息、金融、文化及其他社会服务业领域，也就是所谓的软财富，是未来的新需求及新供给的优质生存土壤。这些软财富很少消耗甚至不消耗地球资源，因为人类的思维活动是创造软财富的源泉。这几种软财富在美国的经济结构中，占据总经济的79%，而在中国目前这一比例仅为49%，但这也意味着未来的中国经济在这些领域将有广阔的发展空间。

② 新供给创造新需求

新供给创造新需求的典型代表就是苹果手机的出现，在苹果手机问世以前，人们对它的需求并不存在。但苹果手机问世以后，与之相关的各种各样的需求都被源源不断地创造了出来。当苹果产业链汇聚了各种生产要素时，美国经济体其他产业中存在的产能过剩问题得以有效解决，这不仅使美国经济走出了低迷，甚至迎来了新一轮的增长。

而对于像制造业这种以硬财富为主体的产业，则要对其进行转型升级，使其具备更多的软价值。以美国的"汽车之城"底特律为例，尽管底特律生产的汽车销往美国各州，甚至远销海外，但其终究没有逃脱破产的结局，并且导致整个底特律的经济从此一蹶不振。然而，那些与底特律汽车业有密切关联的产业，比如汽车清洁、汽车保险、汽车广告等产业却都没有出现任何问题，且都能保持稳定盈利。

若将法拉利和特斯拉等汽车生产商与传统汽车生产商进行对比，会发现，他们即使在汽车制造业整体不景气时也能够获取巨额的利润。法拉利的成功在于，其不是一件简单的交通工具，而是具有匠人精神的艺术品；而特斯拉的成功在于，其产品代表了时尚与环保的理念，这些都可以被称为典型的新供给创造新需求。

4.1.2 方向2：从周期出发，发挥供需相互作用

☞ **微观新政**

一般来说，市场价值或生产价格决定市场价格，市场价格决定市场供求；反过来，市场供求决定市场价格，并通过调节不同生产条件下的生产，影响市场价值的形成。因而市场价值或生产价格、市场价格与市场供求形成一种辩证的关系。

当一个国家的大多数产业，都处于新供给形成和供给扩张阶段时，该国家的经济就会保持较高的增长速度；而当大多数产业都处于供给成熟乃至供给老化阶段时，该国家的经济增长速度就会放缓，陷入低迷，甚至长期处于滞胀状态。

在市场供求与市场价格的关系中，市场价值和生产价格都能够决定市场价格，市场价值和生产价格是市场价格形成与运动的内在基础和实体。市场价格调节着市场供求关系，而市场供求关系又能够反作用于市场价格，并且市场供求关系还是支配或影响市场价格形成与运动的基本因素。它们之间的关系就是相互影响、相互制约。

当供给与需求不平衡时，供需相互作用如何发挥？

供给主义经济学认为：技术及产业的发展、供给与需求之间的相互作用、供给与需求结构的变化，是造成经济周期性波动的主要原因。从供给端及供给结构变化的维度来看，完整的经济周期包括新供给形成、供给扩张、供给成熟及供给老化四个阶段。

在经济运行过程中，即便是社会中最为火热的技术和产业，最终都难免会进入供给成熟与老化阶段。并且，无论国家通过政策引导，还是通过经济战略规划增减供给，都无法彻底避免这一周期性问题。

当一个国家的生产要素过度集中于那些供给成熟及供给老化的产业时，仅通过货币政策刺激需求或是执行其他需求端的经济战略规划，都不能够有效解决经济的结构性问题。

① "为供给松绑"策略

解决经济结构性问题的一个有效途径就是实施"为供给松绑"策略。在供给侧得到释放以后，企业的生产成本就能够有效降低，从而打破当前企业生产及销售的不利局面，进而使市场在成本价格传导机制的作用下解决产能过剩的问题，并在短期内建立供需平衡，最终使生产要素转移到新的供给结构中去。

② 将生产要素向新供需结构转移

新供给主义经济学认为：打破供给与需求之间的动态平衡是经济增长阶段的局部性问题，产业的发展过程中，始终伴随着技术的创造、普及以及被淘汰。产能过剩是相对的，局部性的供需不平衡问题可以通过生产要素向新供需结构的转移而解决。

当供给与需求在经济体中无法达到平衡时，政府不应让从计划经济角度出发制定的战略规划来破坏现有的市场机制，更不应盲目采用扩张性的经济政策来刺激经济需求，只有通过加大对新产业及新经济供给的推动，才能为市场产生新的供给创造出有利的条件。

4.1.3 方向3：从管制出发，打破发展诸多限制

☞ **微观新政**

2013年，中国银行业发生"钱荒"事件，之后，过高的融资成本

被推上了风口浪尖,而降低融资成本已势在必行。

2014年,政府通过多项措施来降低融资成本,其中包括央行宣布自11月22日起下调金融机构人民币贷款基准利率及存款基准利率。

虽然国内当前的融资成本有所降低,但与国际平均融资成本相比,仍处于较高的水平。

目前居高不下的行政成本、融资成本以及税收成本等仍然是约束中国经济供给体系的主要因素。

着力解决体制与管理问题

当前,体制与管理方面有许多问题需要政府着力解决,比如:创新体制、医疗体制、教育体制、国有企业体制等都存在着阻碍我国经济发展的问题。

以我国当前的宏观经济背景来看,体制与管理还存在着以下几方面较为严重的问题,这也是政府下一步应重点改善的地方。

①贫富差距严重

我国的农村与城镇之间收入差距较大,若能够使农村劳动力形成自由流动,必然会创造更多的财富。但是由于人口的流动牵扯到医疗、社保、随迁子女教育等方面的问题,因此,户籍制度问题不解决,必然会对我国经济的长期发展造成不利影响。

②金融抑制

在金融方面与发达国家相比,美国的借贷成本年利率为2.5%,而我国最低的借款成本年利率则是6%,是美国的1.4倍。另外,中国是全球储蓄金额最多的国家,也是人均储蓄最多的国家,居民储蓄率为50%以上,远超世界平均水平。2015年中国的外汇储备已达到3万亿美元以上,超出排名第二的日本2万多亿美元,而且中国的银行存款利率比世界平均水平高,这些问题都是我国金融业发展的巨大隐患。

③ 土地价格疯涨

这导致众多企业面临巨大的压力。

全球城市地价动态监测系统公布的最新数据表明：2015年第三季度，我国全国主要监测城市地价平均价格为每平方米3606元，其中商业用地达到了每平方米6701元，住宅用地每平方米5421元，工业用地每平方米757元。过高的土地成本，土地所有权及使用权的不明确，土地流转受到的严重限制，都对提升资源利用率十分不利（见图4-1）。

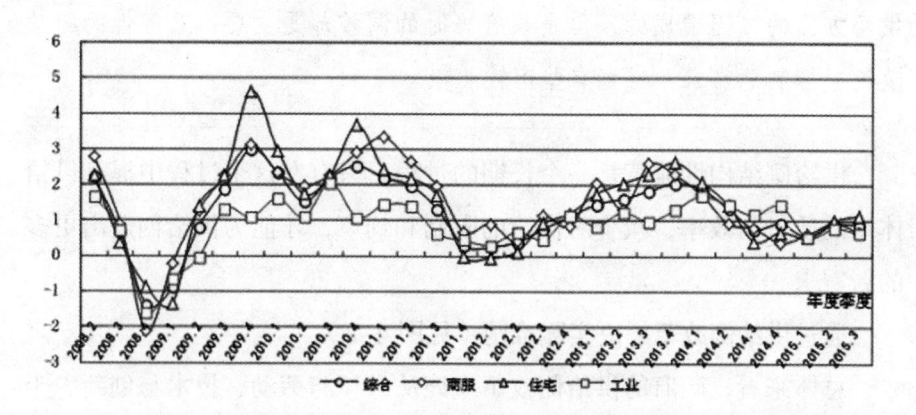

图4-1　全国主要城市分用途地价环比增速曲线图（%）①

④ 企业的社保、医保等问题

我国企业的社保和医保等存在成本过高的问题，企业每个月扣除的五险、缴税等一系列费用，其中一部分停留在保险账户中，而这可能要等到很多年后才能真正发挥作用。一旦经济处于低迷状态，这些大量沉淀的资金，对企业乃至整个经济体来说都是种浪费。

---

① 数据来源：全国城市地价动态监测系统

4.1.4 方向4：从改革出发，真正解决实际难题

☞ **微观新政**

我国在改革开放后经过多年的发展，已经走出了短缺的经济时代，现阶段产能过剩是我国面临的主要问题。当前局面下的物价波动，其内在的原因并非是需求端的问题，而是供给端出现了问题。进入21世纪，我国的几次通货膨胀都是由于原材料上涨、工资成本上涨、食品供给等供给方面的原因造成的，但是政府当时的调控却是主要以紧缩性的财政政策来抑制总需求，难免有些南辕北辙。

供给侧结构性改革是一个长期的过程，只有在这个过程中提升供给体系的质量与效率，减少对供给的限制和约束，才能为供给创造出更多的新需求。

通过供给侧改革解决实际难题（见图4-2）

总体来看，政府的供给侧改革应该从人口与劳动、技术与创新、土地与资源、制度与管理、资本与金融这些关键生产要素入手。

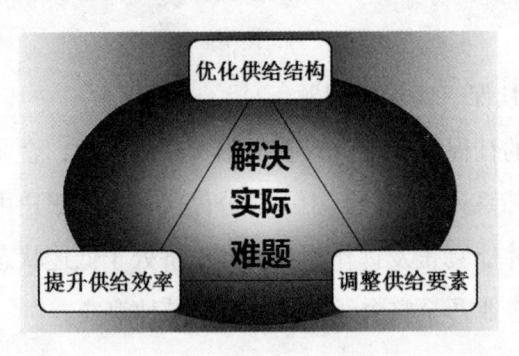

图4-2 供给侧改革解决实际难题的三个策略

① 优化供给结构，解决实际住房难题

新供给主义经济学中提到，房价及物价的管控，必须要优化供给结

构、提升供给效率。近年来,中国的房价一路飙升,政府即便经过多轮的调控,效果依然不理想。原因就在于政府将调控的侧重点放在了对人民需求的抑制上,而不是提升房地产业整体的供给效率上。本轮供给侧改革中,只有增加保障房供给和土地供给,对房地产业的供给结构进行优化,才能真正实际解决城市居民住房难题。

② 提升供给效率,挖掘新的经济增长点

新供给主义经济学强调增加供给效率,供给效率得到提升,不仅能够挖掘出新的经济增长点,还能帮助物价保持平稳。控制物价在供给维度上的方法主要有:控制人工及原材料成本的增长速度,降低流通成本以及控制税收成本等。

③ 调整供给要素,缩小收入分配差距

收入分配机制在以"供给要素的贡献及边际报酬"为核心的情况下,主要包括以下方面的要素(见表4-1)。

表4-1 收入分配机制主要包括的要素

收入分配机制主要包括的要素	
要素	分析
限制行政参与	行政权力过度参与财富,会在打击其他要素创造财富的积极性的同时,滋生腐败,导致权力滥用。
提高资源利用率	限制利用社会公共资源为个体谋取私利。一些企业在国内经济制度尚未健全的阶段浑水摸鱼,利用制度漏洞占有了大量的矿产资源、海洋资源、土地资源等,政府应针对这些企业制定相关的税收政策对其进行管制。
减少垄断行业	大量的社会财富被一些垄断行业控制着,使收入分配的公平性遭到践踏。打击垄断,放宽限制,推动市场的自由化以及产权民营化,不但对实现供给释放大有裨益,还能够更好地维护收入分配公平。
给予税收优惠	对于初创期的企业以及小微企业给予一定的税收优惠乃至免税。这样的措施,可能会让政府税收在短期内有一定的损失,但若长期来看,大量的小微企业在市场上站稳脚跟后,能带来更多的税收。
缩减开支	政府公共投资与转移支付的效率从长期效果来看相对较低,因此,政府应缩减公共开支及转移支付。

4.2 改革应富有层次地展开——供给侧改革的4个关键

4.2.1 关键1：优化产业结构，淘汰落后产能

☞ **微观新政**

在2015年11月10日的中央财经领导小组第十一次会议上，习近平总书记提出了"要在适度扩大总需求的同时，着力加强供给侧结构性改革，着力提高供给体系质量和效率，增强经济持续增长动力，推动我国社会生产力水平实现整体跃升。"

由此，预示着"供给侧结构性改革"将成为"十三五"发展规划的新路径和着力点。

以目前存在的债务率过高、产能过剩、通胀严重等现实情况来看我国的经济发展，则供给侧结构性改革很可能会成为推动我国经济复苏、实现转型升级、增强经济持续发展能力的强大引擎。

回顾过去，我国长期实行的刺激总需求的宏观调控政策虽然在一段时期内发挥了不小的作用，但也导致了诸多的经济结构性问题。当前我国的经济下行压力、发展失衡等问题愈发突出，刺激需求政策的边际效益也正在递减。

因此，我国一旦进行供给侧改革，就需要在多个层面发力，全力提高全要素生产率，改善供给质量和效率，进而开启经济发展的新周期。

供给侧改革的产业层面

以新供给主义经济学维度来看，当前我国经济的产业结构失衡导致了"供需错位"。我国在高端制造业和新兴服务业领域，优质供给严重不足，这也是众多中国消费者不远万里去国外消费的主因，而这个问题

造成了我国内需消费对经济增长的拉动得不到有效发挥，同时严重制约了内需驱动力的凝聚。

新供给主义经济学认为："供需错位"主要是由于产能过剩和产业结构失衡导致的，因此依靠刺激需求来解决这个问题并不对症。清华大学经管学院副院长白重恩指出：产能过剩的根源不是总需求不足，而是当前的供给结构与需求结构不匹配，导致有效供给和优质供给不足。

在供给侧改革的产业层面，只有化解产能过剩矛盾，优化产业结构，增强有效供给和优质供给能力，实现供给结构与需求结构的匹配，才算真正达到供给创造需求的理想状态。

① 化解产能过剩矛盾

我国在钢铁、服装等传统制造业领域，存在十分严重的产能过剩问题，具体表现为生产效率低下、大量有效资源被闲置浪费，这制约了生产要素向新供给产业的转移，使新兴产业的发展成本增加。

北京大学互联网金融智库理事长兼首席经济学家范棣，提出了三个化解产能过剩问题的着力点：

- 加快企业优化重组，提高行业整体效率；
- 借助"一带一路"战略，积极开辟中亚、非洲等新的需求市场，甚至将工厂迁至这些国家，从而加快过剩产能的外输力度；
- 作为我国经济的支柱性行业，消化房地产库存有利于带动相关产业的发展，激发经济的整体活力。

② 优化产业结构

在优化产业结构层面，中国区域经济研究会副会长——丁任，提出了三个方面的建议：

- 大力发展服务业特别是新兴产业和生活类服务业，加大服务业在整体产业结构中的比重，从而优化产业结构，促进不同产业间的平衡协调；

- 对传统产业进行技术改造和优化升级，淘汰低效和无效企业，并加大过剩产能的外输力度；
- 培育战略性新兴产业，大力扶植新供给产业的发展，增强优质供给能力。

③增强有效供给：增加新供给、创造新需求

针对目前国内严重的产能过剩问题，国务院发展研究中心原副主任刘世锦指出：我国进行供给侧结构性改革，首先需要在减产能方面加大力度，以解决企业生存发展困境，降低金融、财政风险。

具体来讲，就是需要政府深度放宽市场准入标准，打破行政性的行业垄断，加快城乡之间土地、资金、人员等要素的流动，使市场对资源的优化配置作用得到充分发挥。同时，加快淘汰落后产能的步伐，尽快实现企业和资本的优化重组，进而推动产业转型升级，提升供给的效率和质量。另外，还要在制度和管理等方面进行变革，建构起有利于创新的市场环境，增加新供给、创造新需求。

4.2.2 关键2：调整经济结构，延续生命周期

☞ 微观新政

供给侧改革在宏观政策调控层面的核心，是从总量调控转向结构调控，从以货币政策为主转向以财政政策为主。

政府在以财政政策为主的同时，要继续保持稳健偏宽松的货币政策，减少财政赤字，控制货币总量，降低通货膨胀率。

中共中央党校国际战略研究所副所长周天勇认为："经济新常态下，偏宽松的货币政策对经济的刺激效应已经弱化，而为了避免过高的通胀率，货币政策无法大放松，只能微调。这时，政府就需要充分发挥财政

政策在宏观调控中的积极作用。"

周天勇还指出，从供给侧发力进行宏观调控，必须将以往的总量调控思维转向结构调控。总量调控，就是借助行政计划手段，控制财政政策中的发债规模、货币政策中的存款准备金率以及贷款情况。

从总量调控转向结构调控

由于受到我国体制机制因素的制约，我国实施的总量调控的宏观政策在激发市场活力和解决社会问题等方面，并未发挥预期的效果，比如：政府压缩贷款时，制造业和小微型企业首当其冲受到影响，这既造成了供给抑制等问题，也使得社会的就业问题尤为凸显；而政府放松贷款限制，首先受益的又必然是政府项目、国有企业和大型企业，但在激发市场活力以及增加就业率等方面，国有企业和大型企业却往往没有众多的小微企业作用大。

而结构调控层面的宏观财政和货币政策都更具针对性和引导性。以贷款为例，政府可以为亟须资金的小微企业提供更多政策上的优惠和扶持，充分激发小微企业投资和创造的积极性，既提高了市场活力，又能够增加社会就业岗位。

① 以往基于需求管理的宏观调控

以往基于需求管理的宏观调控政策，过于依赖行政计划手段的刺激，并且对市场活动形成了过度干预，从而压制了市场本身对资源的优化配置功能，因此很难达到真正解决问题的目的。

中国央行货币政策委员会委员黄益平认为：在全球经济普遍疲软的情况下，经济复苏的希望将主要来自于各国经济的结构性改革。对于我国来说，货币和财政政策还能够进一步宽松，但其发挥的效果已经十分有限。特别是我国正处于发展转型的关键期，能否实现产业结构更新，让新供给产业取代传统产业，成为我国经济可持续发展的核心问题。而这，显然需要政府在宏观调控层面，从以往的总量调控模式，转向更加精准化的结构调控。

②经济新常态下的宏观调控

我国新供给主义经济学代表人物贾康认为：经济新常态下的宏观调控政策，应该是稳健偏宽松的货币政策和积极的财政政策相结合，从供给端着力，通过政策调控和引导，加强"三农"、社会保障、自主创新、生态保护等经济社会发展中的滞后环节。

4.2.3 关键3：宏观调控财税，加快体制改革

☞ **微观新政**

从新中国成立到改革开放前的那段时间里，中国基本上实行的是计划经济体制，这个阶段政府对经济的调控手段主要是依靠计划来实现综合平衡，并且大多时候都是采取行政性措施。

当时，中国财政运行主要表现出的特征为：管理模式依附指令性计划，尽管当时的财政政策对经济建设和社会事业发展都有较大贡献，但计划体制终究束缚了政策工具的使用及其功能和作用的发挥。

中国实施改革开放政策之初的十余年，正是中国经济开始从计划经济体制向市场经济体制转变的过渡阶段。该阶段总体上实行的是计划经济与市场经济相结合的体制，政府在对经济的管理过程中已经萌发了发挥市场调节机制作用的意识。

（1）利用政策工具调控经济

近年来，中国政府在财政管理上开始注重利用各种政策工具调控经济，使市场机制对资源的配置起到基础性作用，取得了不错的效果。

20世纪70年代美国供给学派最鲜明最重要的宏观调控政策就是——大幅减少税收以降低企业成本。从借鉴的角度而言，我国推进供

给侧结构性改革，在供给管理的思路下进行宏观调控的同时，也必须降低赋税，减轻企业的负担，激发出企业投资和创新的积极性，以达到提高市场活跃度的目的。

（2）从供给端发力，减少赋税

相关数据显示，2014年我国的宏观税负水平达37.2%，不仅远超发展中国家18%～25%的水平，甚至高于一些发达国家的税负水平。

从我国的赋税结构来看，其中存在大量的间接税和流转税，正在进行生产经营的企业是征收的主要对象。而过高的税负无疑加重了企业特别是小微企业的生存和发展成本，同时这也抑制了企业的创新性和主动性。

因此，我国转变以往基于需求管理的财税政策是当务之急，从供给端发力，减少赋税，降低企业成本，激发企业投资与创造的热情，进而增强供给能力。

我国从供给端进行的宏观调控相对于供给学派的减税政策而言，并非只是进行减税这么简单，而是要从制度层面加速对财税体制的改革（见图4-3）。

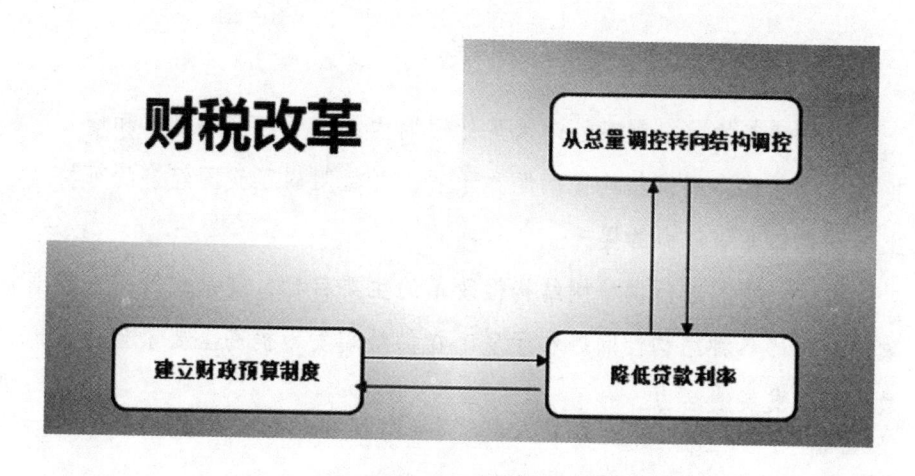

图4-3 从制度层面加速对财税体制的改革

① 从总量调控转向结构调控

从总量调控转向结构调控,对高端制造业和新兴产业的发展进行大力扶持及奖励,优化供给结构。2015年11月,国务院办公厅印发的《关于加快发展生活性服务业促进消费结构升级的指导意见》,是我国推动生活性服务产业发展的第一个全面且系统的政策性文件,该文件有利于优化供给结构和增加服务产业的有效供给。

② 降低贷款利率

降低贷款利率,减轻中小微企业的融资成本,避免资金空转,盘活存量货币,加大金融服务体系对实体经济的支持力度,引导金融资本流转向新供给和优质供给领域,从而增强有效和优质供给能力。

③ 建立财政预算制度

合理分配政府收入,规范政府财政活动,建立公开透明的财政预算制度,转变围绕GDP的发展思路,注重优化供给侧经济结构和发展质量,建立起有助于经济可持续发展的财税制度。

4.2.4 关键4:刺激资本复苏,提高服务效率

☞ 微观新政

过去多年的需求刺激性政策虽然短期内保证了经济的复苏和增长,但也造成了诸多经济结构性问题和矛盾,并且阻碍了我国经济的可持续发展和整体竞争能力的提升。

因此,我国进行供给侧结构性改革的主要目标,就是化解需求管理政策造成的各种结构性问题和矛盾,在供给端发力提高全要素生产率,激发经济发展的活力。

供给学派认为:经济增长的驱动力量主要来自供给端生产要素的优

化配置和高效利用。

而驱动力量中,资本的作用尤为重要。

提升资本供给能力

社会总供给结构的优化升级由资本供给能力决定。

我国的供给侧结构性改革,若要打造经济增长新动力,实现经济转型升级,开启经济发展的新周期,势必需要优化社会总供给结构,增强供给的效率和质量,而这都离不开资本供给的有力支持。

我国当前的货币政策已较为宽松,进一步放宽的空间不大,提高货币资本政策对实体经济的支持效率才是关键。

中国人民大学汉青研究院金融系教授李勇认为:资本供给体系的低效和不健全,造成了严重的"供给抑制",也制约了很多宏观经济政策效果的发挥。例如,2015年初,政府正式提出了鼓励"大众创业,万众创新"的政策,但由于资本供给滞后,作为"双创"主体的中小企业并没能发挥出应有的创新能力。而且,较高的融资成本造成了企业的生存发展困境,也弱化了企业的国际竞争能力。

因此,对金融体制的改革势在必行:解决货币空转的问题,盘活存量资金,引导资本高效流转,解除"金融抑制"。另外,还要有效降低企业尤其是中小微企业的融资成本,提升企业的投资、创新意愿,激发微观经济活力。才能在有效性和稳定性上对资本供给进行提升,进而使金融资本更好地为实体经济提供支持。

金融制度的改革和创新,具体来讲,可以从三个方面着手:优化银行金融的服务体系、构建"大金融监管"体系、构建多层次资本市场(见图4-4)。

① 构建"大金融监管"体系

对金融市场监管体系进行改革,构建"大金融监管"体系,也就是加强不同监管部门之间的协作,提高金融风险管控能力,维护金融市场稳定，避免金融风险传导扩散至实体经济供给侧。

② 优化银行金融的服务体系

构建多层面的金融服务门类，比如：构建商业性金融、开发性金融、合作性金融、政策性金融等，再通过不同金融服务门类之间的优化互补，充分满足各种不同发展阶段企业的融资需求，为市场的创新提供有力的资本支持。

金融制度的改革和创新

构建"大金融监管"体系　　优化银行金融的服务体系　　构建多层次资本市场

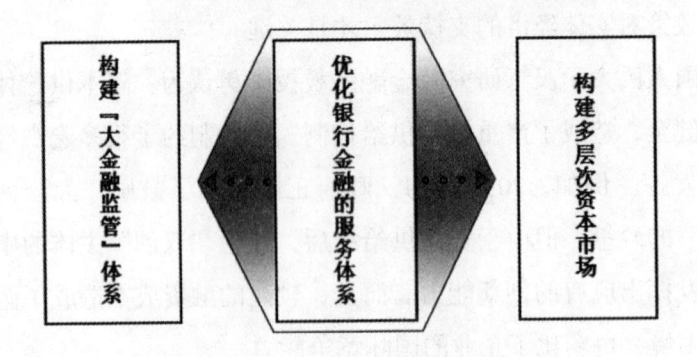

图 4-4　金融制度的改革和创新

③ 构建多层次资本市场

在融资领域，深化债券交易、股票制度改革。

推动资本市场健康规范发展，为企业融资提供良好的金融环境；另外，在间接融资方面，对银行等金融主体的市场准入标准进行放宽，引导民间资本合理进入间接融资渠道，为企业提供更加多元化的融资方式，降低融资成本。

第 5 章 战略：驱动改革落地，政策才不会"落了片白茫茫大地真干净"

5.1 "加减乘除"四则运算——供给侧改革的落地法则

5.1.1 法则 1：加法——补齐短板，扩大供给

> ☞ 微观新政
>
> 供给侧结构性改革是一项庞大复杂的系统性工程，需要政府与市场共同发力，借助"加减乘除"四则运算对改革进行合理布局。
>
> 供给侧结构性改革的"加法"，就是要从质和量两个层面补齐短板，以新供给创造新需求，培育增长新动力；增强有效供给和优质供给能力、扩大总供给，从而提升我国经济的国际竞争力并使其可持续发展。

供给侧结构性改革的"加法"，就是在经济新常态下大力发展新兴产业和高端产业，补齐供给短板，优化供给结构；破除制度和管理层面上的"供给抑制"，为经济可持续发展构建良好的制度与社会环境；增加劳动力供给，提高人力资本素质，打造技术与创新驱动的增长模式，开创经济增长新动力。

以人口供给为例（见图 5-1），国家统计局的最新数据显示：

2012 年我国 15～50 岁的劳动人口减少了 345 万，2013 年 16～59 岁的劳动年龄段人口减少了 244 万，2014 年又大幅减少了 371 万。

该数据表明，随着我国步入老龄化社会，人口红利优势正在逐渐丧

失。在劳动力要素供给缺乏的情况下，劳动力的成本将大幅提高，并且会对劳动力密集型产业造成强力冲击，这也正是我国近两年经济持续下行的重要原因之一。

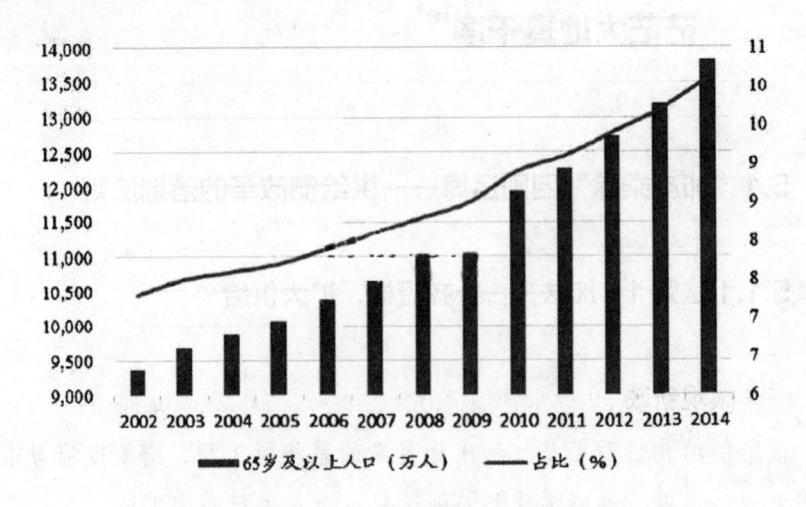

图 5-1　2002—2014 年我国老年人口规模增长速度（单位：万人，%）①

供给侧改革的"加法"落地策略

针对人口老龄化问题，习近平总书记在 2015 年 10 月下旬召开的十八届五中全会上指出：要推行普遍二孩政策，优化人口结构，促进人口均衡发展；通过放宽生育约束，有效缓解人口老龄化压力，增加劳动力供给。

推行普遍二孩政策，有利于增加未来的劳动力供给，并且有利于解决因劳动力短缺而造成的社会总供给不足问题。并且，大量新增的低龄化、高素质劳动力，可以为经济转型升级提供足够的人才保障。

此外，要让"加法"有效落地，还应关注以下几点：

---

① 数据来源：前瞻网

① 提升政府的公共服务能力

做供给侧结构性改革的"加法",必须提升政府的公共服务能力,持续增加公共产品供给,让改革的红利惠及更多人。十八届五中全会通过的"十三五"规划中明确提出:要进一步增强各级政府的服务意识和能力,有效解决人们最关心的利益问题,不断增加公共产品供给,让更多人共享经济发展成果。

② 经济发展与人力要素相互作用

劳动力要素的"加法"并非是单纯的劳动力数量的增加,也要做到人力素质的提升。为此,政府要加大相关投入,提高整体人口的文化素质和水平,对人力资本要素的价值深度挖掘。还要关注人力要素与经济发展的相互作用,即在稳步进行经济结构优化的过程中,促进就业规模不断扩大,将人力资本要素的价值充分释放。人力资本的充分释放和开发,又可以促进经济持续健康发展,最终形成两端的良性循环。

③ 解决公共服务领域的供需矛盾

我国的公共服务领域目前存在严重的供需矛盾,比如,与人民生活息息相关的教育、医疗、交通等公共服务领域,供给总量严重不足,使得人们日益增长的公共产品需求无法得到满足;另外,地域性的供给失衡,优质供给缺乏等问题也较为突出。

因此,针对公共服务领域的供需矛盾,政府要在公共服务领域进行供给侧结构性改革,即建设服务型政府,提高公共产品供给的质量和效率,增强社会总供给能力。

5.1.2 法则2:减法——简政放权,激发活力

☞ 微观新政

供给侧结构性改革的"减法",是指进行税费、金融体制改革,降

低企业成本，减轻企业负担；减少政府干预，充分发挥市场这只"看不见的手"在经济发展中的作用，消化过剩产能，充分激发微观经济活力。

我国政府长期以来奉行的需求管理的宏观调控思路，严重抑制了市场本身功能和作用的发挥，并且造成了诸多结构性的矛盾。

这就要求在经济新常态下进行的供给侧结构性改革，一方面要适度扩大总需求；另一方面要注重优化供给能力，也就是做"减法"。

供给侧改革的"减法"落地策略

① 简政放权

简政放权能够最大限度地减少政府对经济运行的干预，从而为企业释放更多的自主权，最大化激发市场活力。

简政放权要求政府和市场做好在经济发展中的不同角色定位，让市场回归市场，充分发挥市场中企业和创业者的投资、创新能力，充分激发微观经济活力；政府把控宏观经济发展方向，建立并健全社会主义市场经济的法律法规体系，从而为企业与市场的发展培育良好的制度与政策环境。

② 降低企业成本

以我国经济发展的实情来看，若要减轻企业负担，降低企业成本，实行全面深入的结构性减税是一个不错的手段。对此，在 2015 年 12 月下旬的中央经济工作会议上，政府提出了三项具体的减税措施：

- 清理各种不合理收费（广义上的减税，有利于降低宏观税负）；
- 研究降低制造业增值税税率；
- 降低社会保险费，研究精简归并"五险一金"。

这三项减税措施，为有效减轻企业负担，激发企业活力，增强社会总供给能力提供了一定的支持和保障。当前，我国经济发展的主要瓶颈和问题都处于供给端，特别是一些不合理的制度、政策以及管理体系，造成了严重的供给约束，使企业尤其是制造业的发展负担加剧。

而减税，比如降低制造业的增值税税率，就能够减轻相关企业的负担，并且调动起相关企业投资、生产和创新的积极性，激发市场活力。

减税一方面能够有效降低企业成本，另一方面又能够降低居民的购买成本，从而达到刺激消费内需，激活国内消费市场，推动经济持续增长的目的。减税虽然在短期内会减少政府财政收入，但放眼长期是有利于政府财政收入增加的。

5.1.3 法则3：乘法——创新理念，开拓空间

☞ 微观新政

供给侧结构性改革的"乘法"，是指打造创新型的经济增长模式，创造新产业、塑造新动力、开拓新空间，实现经济增长的"乘数效应"。

当前我国经济面临着诸多结构性矛盾。

为此，我们需要推动经济转型升级，供给侧发力提高全要素生产率——从将以往资本、资源驱动的经济增长方式，转变为创新驱动的发展模式。

2015年12月的中央经济工作会议指出：要加快技术、产品、业态等多个维度的创新，以创新理念发展新产业。

而供给侧结构性改革的"乘法"就是指以创新发展理念，挖掘经济发展新动力，开拓新空间，发展新产业，培育经济增长的"乘数因子"，通过新产业的"几何式增长"开拓经济发展新格局。

供给侧改革的"乘法"落地策略

① 以创新促改革，谋发展

在乌镇举行的第二届世界互联网大会上习近平总书记指出："当前，

世界经济复苏艰难曲折,中国经济也面临着一定下行压力。解决这些问题,关键在于坚持创新驱动发展,开拓发展新境界。"这段话可以解读为,通过加强创新,提升要素投入的综合效率,为经济发展注入新动力。

习近平总书记还强调:"实施创新驱动发展战略,就是要推动以科技创新为核心的全面创新,坚持需求导向和产业化方向,坚持企业在创新中的主体地位,发挥市场在资源配置中的决定性作用和社会主义制度优势,增强科技进步对经济增长的贡献度,形成新的增长动力源泉,推动经济持续健康发展。"也就是以提高发展的质量和效益为核心,综合施策,精准发力,用新供给来创造新需求,以新技术带动新产业,以新空间发展新产业,促进经济转型升级,推动经济增长。

②释放新兴行业的供给端活力

清华大学经管学院副院长、中国央行货币政策委员会委员白重恩认为:

尽管有些行业有严重的产能过剩问题,但并不是总需求不足,而是供给的结构不能满足需求结构变化所带来的挑战,这就要求对供给结构进行调整。一方面要通过传统产业的技术改造,资产重组,使它恢复青春,继续发挥作用。另一方面,要培育新兴力量,逐步替代传统产业的衰减。

而培育新兴力量是指,要用创新理念大力发展新兴产业,推动生产要素从供给成熟、老化产业向供给形成、扩张的新产业转移,充分释放新兴产业的供给端活力,最终达到乘法效应。

5.1.4 法则4:除法——扫清障碍,稳妥发展

☞ 微观新政

供给侧结构性改革的"除法",是指淘汰落后产能,清除供给端经济持续增长的结构性阻碍因素。

在当前全球经济发展疲软,我国经济进入新常态转型升级关键期的

背景下，推进供给侧结构性改革的一个主要意图，就是加速淘汰落后产能，对产业结构实现优化升级，增强经济的持续发展动力。

早在 2012 年的中央经济工作会议上，习近平总书记就指出："要充分利用国际金融危机形成的倒逼机制，把化解产能过剩矛盾作为工作重点，总的原则是尊重规律、分业施策、多管齐下、标本兼治。"在 2015 年 12 月的中央经济工作会议上，习近平总书记更是明确提出要推动供给侧结构性改革，从供给端发力解决产能过剩问题。

（1）供给侧改革的"除法"落地策略

① 淘汰"僵尸企业"

当前时期，我国钢铁、煤炭、石油、服装等领域的产能过剩问题十分突出。产能过剩的问题不仅会导致企业盈利进入负增长，同时会加大整体经济的下行压力。另外，大量的"僵尸企业"，不仅吞噬了过多的流动性，挤占了市场信用，也阻碍了整个产业的健康发展。

② 淘汰落后产能

淘汰落后产能，一方面要通过价格调整、企业整合重组、拓展海外市场等多种方式，对产业结构进行优化；另一方面，要深化社会主义市场经济体制改革，减少政府对市场行为的过分干预，使市场自身的调节功能得以充分发挥。

③ 化解地产库存

房地产业兼具消费与投资的双重属性，其是一段时期内推动我国经济增长的支柱性产业，如今地产库存问题十分严重。习近平总书记在中央财经领导小组第十一次会议上的讲话中指出："要化解房地产库存，促进房地产业持续发展。"化解地产库存问题，不仅能有效缓解产能过剩问题，又能够拉动钢铁、水泥、装修材料、轻工等相关产业的发展。

2015 年 12 月的中央经济工作会议公告指出："通过加快农民工市

民化，扩大有效需求，打通供需通道，消化库存，稳定房地产市场。要落实户籍制度改革方案，允许农业转移人口等非户籍人口在就业地落户，使他们形成在就业地买房或长期租房的预期和需求。"

化解房地产库存可以说是在调控层面消除供给约束。当然，房地产去库存化，并非是鼓励房企无休止地建房，而是要为消费者创造更多的价值，以降价等措施促进房产销售。有关专家指出，化解房地产库存，促进房地产稳定发展，不能片面理解为仅仅是为了当期经济增长，更主要的是为了推进以人为本的城镇化，促进农民工在城镇定居落户。促进农民工市民化，光靠户籍制度改革是不行的，还要深化住房制度改革。

（2）供给侧改革的混合运算法则

供给侧改革是统筹兼顾的系统工程。除了上述提到的"加法"、"减法"、"乘法"、"除法"四则运算，有时还要进行"混合运算"。

在2015年11月18日的亚太经合组织工商领导人峰会上，习近平总书记指出："要解决世界经济深层次问题，单纯靠货币刺激政策是不够的，必须下决心在推进经济结构性改革方面作更大努力，使供给体系更适应需求结构的变化。"可以说为经济发展构建了新的思路。

在2015年12月的中央经济工作会议上，习近平总书记又以"加减乘除"四则运算通俗易懂地阐释了供给侧结构性改革的布局，为我国经济在新常态下的转型升级明确了方向和方针。

供给侧结构性改革的"四则混合运算"简单来讲，就是基于创新、协调、绿色、开放、共享五大发展新理念，大力推动"双创"、"中国制造2025"和"互联网+"行动计划等一系列国家战略发展规划，促进服务业以及高端制造业的发展，给予小微企业优惠政策扶持其成长，使制度创新和技术进步对供给升级的倍增效应得以发挥。在确保发挥政策效力的同时，推进要素市场的同步改革，从而有效降低制度性交易成本，提高全要素生产率。

总之，供给侧结构性改革，是以习近平总书记为代表的新一届中央政府在全球经济发展疲软以及我国经济进入新常态转型升级关键期的背景下，为提升我国经济持续发展和国际竞争力下的一盘大棋。

5.2 最为关键的 4 个"歼灭战"——供给侧改革的根本策略

5.2.1 "歼灭战" 1：优化劳动力配置，提升人力资本

☞ **微观新政**

2015 年 11 月 3 日，《中共中央关于制定国民经济和社会发展第十三个五年规划的建议》正式发布，提出要"优化劳动力、资本、土地、技术、管理等要素配置，激发创新创业活力，推动大众创业、万众创新，释放新需求，创造新供给，推动新技术、新产业、新业态蓬勃发展，加快实现发展动力转换"。其中，最为关键的 4 个"歼灭战"便是使供给侧改革落地的最根本策略。

自 2003 年以来，我国几乎每年都要发生"民工荒"，近几年春节后出现的"民工荒"更为突出，甚至出现了中西部与东部争抢农民工的情况。是否中国的劳动力已经开始普遍短缺？该如何解决？

如何优化劳动力配置？

具体进行优化的路径有三条：

① 放开生育政策，补充人口红利

充足的劳动力是过去中国经济的主要增长动力，也就是所谓的人口红利。但到 2011 年我国的人口结构出现了变化，至 2012 年 15～64 岁劳动年龄人口的总数和占比都出现了下降，人口老龄化的现象越发突显。截至 2014 年底，我国 60 岁以上老年人口已达 2.12 亿，占总人口

的15.5%（见图5-2）。

2015年11月3日发布的《中共中央关于制定国民经济和社会发展第十三个五年规划的建议》中指出，全面实施一对夫妇可生育两个孩子的政策。该政策为未来的劳动力要素改革打下了基础，在加深释放生育潜力的基础上，有利于削减人口老龄化的压力，有效增加劳动力供给，进而补充人口红利。

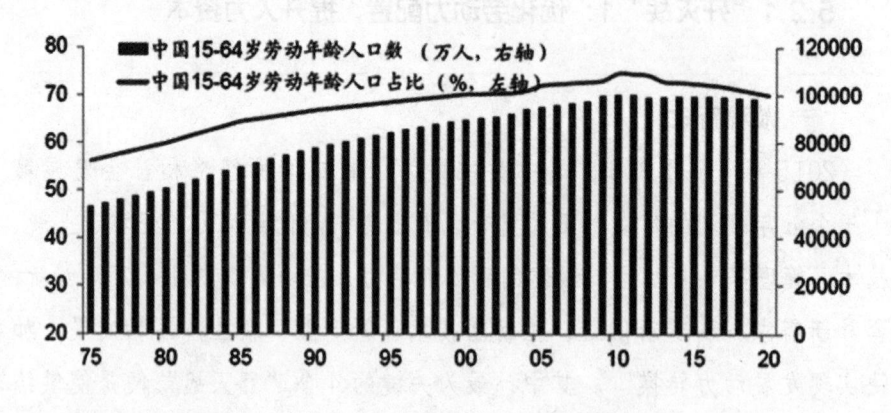

图5-2 中国15～64岁劳动年龄人口数、占比[①]

② 户籍制度改革，发展服务业

2014年7月30日，备受关注的国务院《关于进一步推进户籍制度改革的意见》正式公布。而未来，户籍制度改革还将是劳动力要素供给改革的首要任务。"十三五"规划建议也明确提出"户籍人口城镇化率加快提高"。

中央财经领导小组办公室副主任杨伟民指出："现在我国城镇化率已经达到55%，是比较高的，但是质量不高。质量不高最主要的体现在于现有的城镇7.5亿常住人口中有2.5亿左右的人没在城镇落户，没能

---

① 图片来源：CRIC海通证券研究所

在城镇享受到相应的公共服务，也没有相应的市民权利。《关于进一步推进户籍制度改革的意见》进展也十分缓慢。

根据国家统计局数据测算：第三产业每增长1个百分点能创造约100万个就业岗位，比工业多50万左右。就不同行业的企业就业状况来看，自2007年以来，服务业的就业率在绝大多数时期都高于制造业的就业率，而这也意味着服务业将成为我国未来主要的就业领域（见图5-3）。

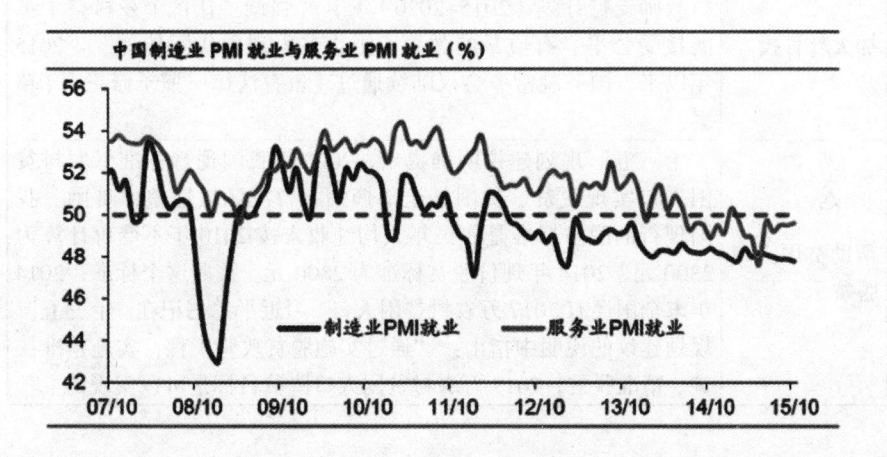

图5-3 中国制造业PMI就业与服务业PMI就业对比①

未来中国的经济和社会都需要服务业来稳定，制造业随着淘汰落后和过剩产能必然面临就业压力，而服务业刚好可以吸纳和缓解这部分压力，政府应为此创造条件，使劳动力的跨部门流动得以实现，未来的劳动力要素供给改革也应以此为重要方向。

③ 注重教育、促进扶贫，提升人力资本。

除了增加劳动力供给、促进劳动力跨地域和跨部门流转之外，提升劳动力的素质也是劳动力要素供给改革的一项重要指标。

---

① 图片来源：WIND，CRIC海通证券研究所

其具体措施包括加大教育投入，帮助贫困人口脱贫两方面（见表5-1）。

表5-1 注重教育、促进扶贫的两个策略

策略	分析
加大教育投入	2015年4月初，中央深改小组召开第11次会议，审议通过《乡村教师支持计划（2015-2020）》，并强调"让每个乡村孩子都能接受公平、有质量的教育，阻止贫困现象代际传递"。2015年以来，国务院常务会议陆续通过《教育法律一揽子修正案(草案)》。
帮助贫困人口脱贫	"十三五"规划建议明确提出，2020年我国现行标准下农村贫困人口实现脱贫、贫困县全部摘帽、解决区域性整体贫困。我国现行的脱贫标准是农民年人均纯收入按2010年不变价计算为2300元，2014年现价脱贫标准为2800元。按照这个标准，2014年末全国还有7017万农村贫困人口。习近平总书记在"十三五"规划建议的说明中指出："通过实施脱贫攻坚工程，实施精准扶贫、精准脱贫，7017万农村贫困人口脱贫目标是可以实现的。"

5.2.2 "歼灭战"2：优化土地配置，抑制房地产泡沫

☞ 微观新政

《中共中央关于制定国民经济和社会发展第十三个五年规划的建议》提出：稳定农村土地承包关系，完善土地所有权、承包权、经营权分置办法，依法推进土地经营权有序流转，构建培育新型农业经营主体的政策体系。培养新型职业农民。深化农村土地制度改革。

《建议》还提出：坚持最严格的耕地保护制度，坚守耕地红线，实施藏粮于地、藏粮于技战略，提高粮食产能，确保谷物基本自给、口粮绝对安全。

我国要解决当前的经济问题，首先要找到问题的起因。无论是经济增长放缓，还是企业盈利能力降低，都要归因于供给侧不完善，而土地资源的不合理配置也是其中的重要原因。

如何优化土地和资本配置？

具体路径有四条：

① 加速确权和土地流转，提高土地使用率

提高土地的使用效率是土地制度改革的核心。以农村土地为例，加速土地确权和土地承包经营权流转，能够提升土地要素的流动性，进而使土地的使用效率也能够得到有效提高。加速农村土地承包经营权流转，就意味着将解决未来廉价的农村土地用地供给矛盾，并且能够作用于抑制地产泡沫和加速房地产去库存化。

② 降低成本，提升资本回报率

提升资本回报率是要素改革的一个主要方向。

2014年末规模以上工业企业的主营业务收入构成中，主营业务成本占比高达86%，各项税费占比9%，主营利润占比仅为5%（见图5-4）。持续收缩的需求叠加高企的成本和费用，令企业盈利不堪重负。未来，政府只有依靠降低成本才能改善企业盈利和提升资本回报。

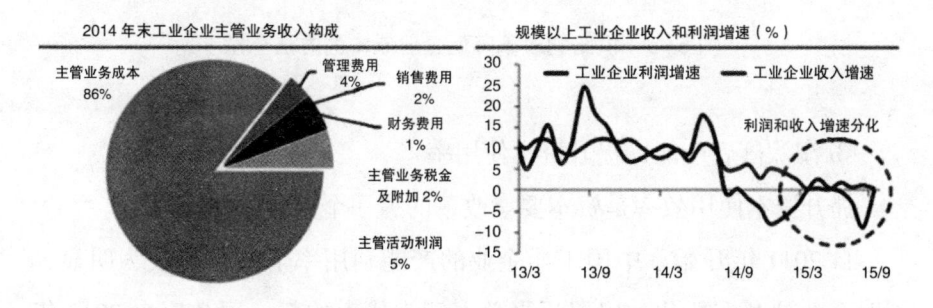

图5-4 2014年末工业企业主营业务收入构成及利润增速情况[①]

[①] 图片来源：WIND，CRIC海通证券研究所

可以预测，未来我国的供给侧改革将从降低财税成本、降低原材料成本、降低财务成本、降低人力成本四个方面降低企业成本（见表5-2）。

表5-2 降低企业成本的四个方面

降低企业成本的四个方面	
策略	分析
降低财税成本	实施加速折旧、减税降费，降低财税成本。
降低原材料成本	推进资源品价格改革，降低原材料成本。
降低财务成本	通过降息推进利率市场化，降低财务成本。
降低人力成本	实施养老保险体系改革，降低人力成本。

具体策略如图5-5所示。

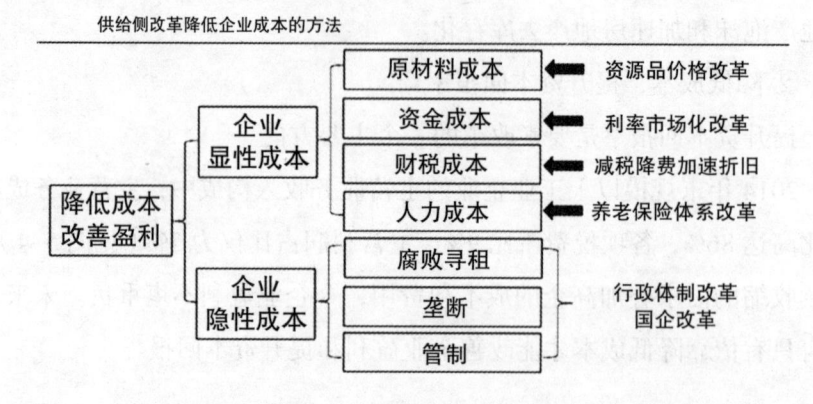

图5-5 供给侧改革降低企业成本的方法示意

③淘汰落后产能，提升资本使用率

提升资本使用效率是资本要素改革的另一个主要方向。

自2011年开始，中国工业企业的产能利用率下降趋势较为明显，同时企业盈利在恶化。以习近平总书记为代表的新一届政府自2013年执政以来，就已开始产能去化。未来，随着去产能的延续，产能利用率回升后有望使企业盈利得到改善（见图5-6）。

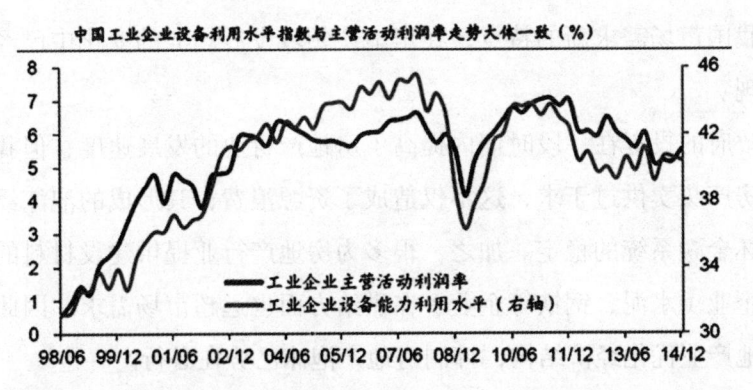

图 5-6 中国工业企业设备利用水平指数与主营活动利润率对比[1]

④ 针对房地产业优化经济结构，抑制房地产泡沫

在 2000 年至 2013 年间，房地产领域的投资增长速度达到 24 个百分点（见图 5-7）。我国经济当下正处于转型时期，房地产领域的改革也不可避免。2015 年，房地产行业的投资增长速度与前几年相比，下降了 22 个百分点，而据专业机构预测，这一趋势还将继续走低。

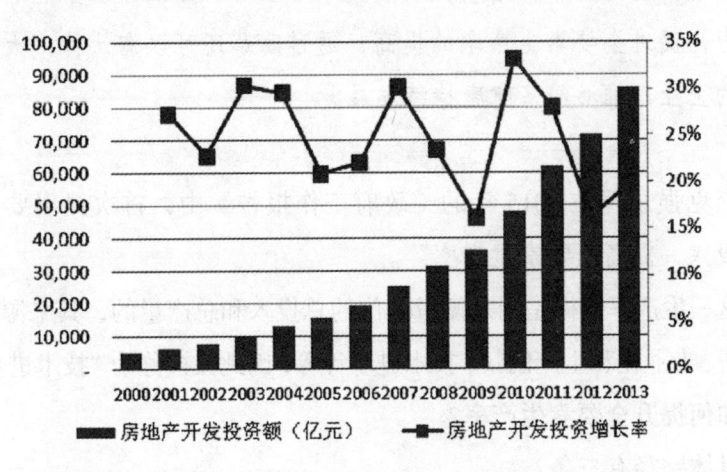

图 5-7 2000—2013 年房地产投资的开发额及增长率[2]

---

[1] 图片来源：WIND，CRIC海通证券研究所
[2] 图片来源：新浪网

我国市场需求新的特点，在房地产领域发展趋势的变化中已经得到了呈现。

政府的投资在一段时期内提高了房地产行业的发展速度，但我国当前的房产买卖供过于求，这不仅造成了资源浪费，其形成的泡沫经济还会破坏金融系统的稳定。加之，很多为房地产行业提供建设材料的周边行业企业（水泥、钢铁等企业）在供给方面也远超市场需求。因此，针对房地产业优化经济结构，抑制房地产泡沫已势在必行。

5.2.3 "歼灭战"3：提升全要素生产率，建设资本市场

☞ **微观新政**

供给侧改革能够对处于新常态下的我国经济的发展起到很大的推动作用。当人口结构发生变化、劳动力供给短缺以及投资对经济的带动作用降低时，进行供给侧结构性改革是一个很好的方法，改革能够激发创新活力，促进全要素生产率的提高，通过改革还可以淘汰掉一大批产能过剩的企业，推动经济健康持续发展。

李克强总理在 2015 年的《政府工作报告》中，首次提出要"增加研发投入，提高全要素生产率"。

这一生产率指标是用来衡量单位的总投入和总产量的，其来源包括组织创新、专业化和生产创新、技术进步等等，因此又被称为"技术进步率"。

如何提升全要素生产率？

具体路径有三条：

① 构建激励机制，鼓励创新

这要依靠资本市场的建设以及直接融资的发展。

此外，提高全要素生产率更有赖于创新意愿的提升，而股权市场中

天然地具备这种鼓励创新的激励机制。拿以创新闻名的美国为例,其正是借助资本市场来哺育创新(见图5-8)。

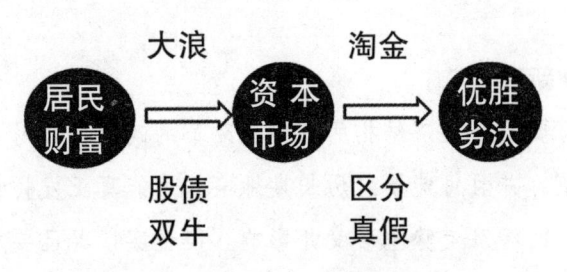

图5-8 资本市场培育创新示意

在本章讲述的"四个歼灭战"中,习近平总书记对建设股票市场的论述最为详尽:"要防范化解金融风险,加快形成融资功能完备、基础制度扎实、市场监管有效、投资者权益得到充分保护的股票市场。"这句话可以解读为,对融资体制进行改革以及促进直接融资的发展,将是政府未来工作的重点方向。

② 提升创新转化率,鼓励"两众两创"

便利的资源以及宽松的成长环境是提升全要素生产率的重要保障,这些保障可以提高创新成果的转化率。2014年9月,李克强总理在夏季达沃斯论坛上提出"大众创业、万众创新"。

未来,我国政府或将从以下三个方面将改革同步推进:

- 为创业企业提供更多、更便利的资金支持,如创业投资、私募股权;
- 提高创新成果的工业转化率;
- 针对创新型企业,实施费用减免和税收优惠等等。

③ 对症下药,让供给侧改革真正落地

调整优化经济结构,目的在于提高经济发展的质量,这就要求支持企业、组织和个人创新创业,还要科学地进行产业结构调整,以及对金融及财政制度进行调整与完善等。让改革真正落地!

5.2.4 "歼灭战"4：政府落实改革方案，提供发展动力

☞ **微观新政**

我国政府要推行经济结构的调整与改革的政策并非易事，推行过程中会困难重重，并且可能要经历长期地实施才能真正发挥作用，甚至今后一段时间内的经济走势也会受此影响。但现实情况已要求我们刻不容缓地开始实施改革。

在全球经济疲软的背景下，世界上很多国家都开始着手进行经济结构的改革。

并且，下一届G20①财长和央行行长会议也会把结构性改革作为热点议题进行讨论。如今，各国对相关改革政策的实施与效果评估都十分关注。

（1）那么，政府自身如何落实供给侧改革方案？

简单来说，一是通过合并重组提升绩效，为经济提供动力，实施国企改革；二是通过简政放权、反腐、打破垄断，降低制度交易成本。

具体来说：

① 加速国企改革

推进国企改革，让"有形的手"发挥应有的功能和作用。

国民经济发展的中坚力量——国企，通过合并重组可以提升其竞争力，并且改革后的国企还能够为经济增长提供长期的动力。

其中包括对央企进行合并重组，其战略意义重大（见图5-9）。

---

① G20：即20国集团。G20是一个国际经济合作论坛，于1999年9月25日由八国集团（G8）的财长在华盛顿宣布成立，宗旨是为推动已工业化的发达国家和新兴市场国家之间就实质性问题进行开放及有建设性的讨论和研究。

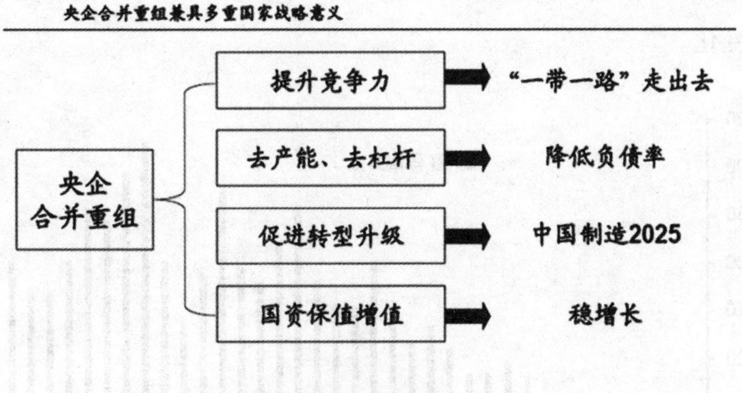

央企合并重组兼具多重国家战略意义

```
                  ┌─ 提升竞争力    → "一带一路"走出去
                  │
   央企           ├─ 去产能、去杠杆 → 降低负债率
   合并重组       │
                  ├─ 促进转型升级  → 中国制造2025
                  │
                  └─ 国资保值增值  → 稳增长
```

图 5-9　央企合并重组的国家战略意义[①]

② 行政体制改革

另外，政府在供给侧改革中，必须有效降低制度性交易成本，高度重视保护市场这只"无形的手"。

具体改革措施包括：约束权力、加强反腐、打破垄断、放松管制等。

例如在反腐领域，新一届政府执政以来严抓、狠抓反腐，落马官员的人数持续增加。未来，在这几个领域的行政体制改革将会进一步加强。

最新的一份中纪委的年度报告显示（见图 5-10），自 2012 年以来，我国政府落马官员人数有增无减。

（2）取得"歼灭战"胜利是一个长期的过程

在 2016 年 1 月 26 日下午召开的中央财经领导小组第十二次会议上，习近平总书记发表重要讲话，他强调："供给侧结构性改革的根本目的是提高社会生产力水平，落实好以人民为中心的发展思想。要在适度扩大总需求的同时，去产能、去库存、去杠杆、降成本、补短板，从生产领域加强优质供给，减少无效供给，扩大有效供给，提高供给

---

① 图片来源：中纪委年度报告，CRIC 海通证券研究所。

结构适应性和灵活性，提高全要素生产率，使供给体系更好适应需求结构变化。"

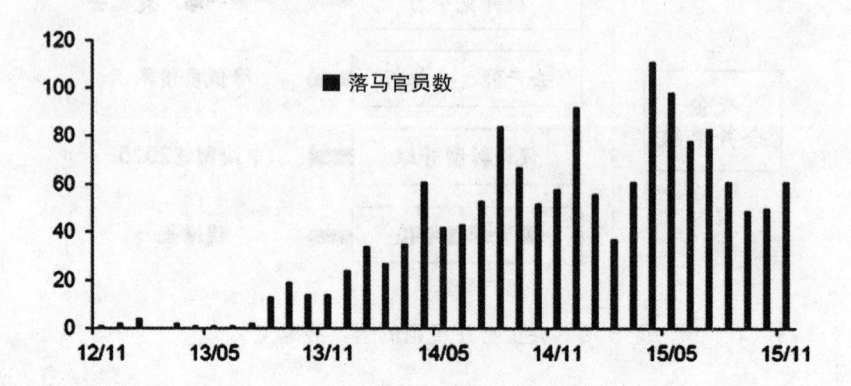

图 5-10 新政府执政以来，落马官员人数与反腐力度对比[1]

进行供给侧改革，取得"歼灭战"的胜利必将是一个长期的过程，"开弓没有回头箭"，实施改革的过程中切忌拖延和半途而废，更不能因为遭遇阻力和困难而因噎废食，必须保持改革的彻底性。并且，针对改革对执行力的要求，各个领域的人才都需要参与进来。

---

[1] 图片来源：CRIC海通证券研究所

第 6 章　路径：供给侧与需求侧双向发力，在渐进式变革中乘风破浪

6.1 供给侧：以市场为导向的中国式创新

6.1.1 当"三驾马车"没有了动力

☞ 微观新政

立足于我国经济发展的整体状况，目前的总需求分为以下三个部分：消费需求、资本形成需求（亦可理解为投资需求）、净出口需求。

当前需求疲软，我国市场供给已经无法满足上述三点潜在需求，这足以说明供给与需求之间已经无法达到平衡。

之所以出现这种状况，根本原因是有效供给短缺，没有对经济结构进行及时调整。

由此看来，我国政府实施的供给侧改革是一项以市场为导向的中国式创新。

在前面我们提到，"供给侧"与"需求侧"相对应。

在充分配置条件下，供给侧的"四大要素"——劳动力、土地、资本、创新四大要素，决定着中长期潜在经济增长率。而需求侧的"三驾马车"——投资、消费、出口，决定着短期的经济增长率（见图6-1）。

但是，当"三驾马车"没有了动力，供给四大要素也就得不到有效利用，我国的经济增长率就会受到影响。

具体体现在消费需求变动、净出口需求变动、资本需求变动三个方面（见表6-1）。

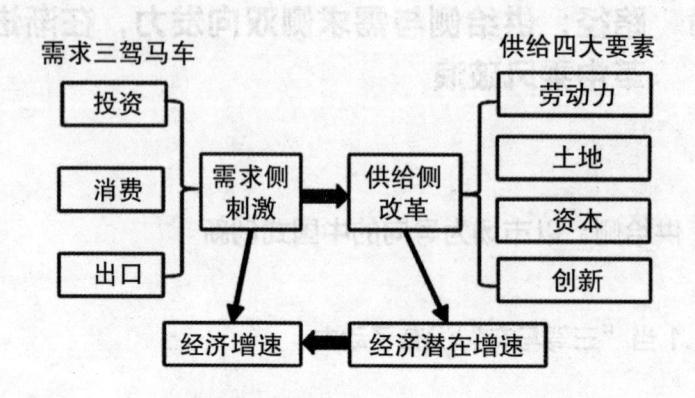

```
需求三驾马车                    供给四大要素
  投资                            劳动力
  消费  →  需求侧  →  供给侧      土地
  出口     刺激       改革         资本
            ↓          ↓          创新
         经济增速  ← 经济潜在增速
```

图6-1 需求侧三驾马车与供给侧四大要素[①]

表6-1 我国经济增长率将受到的影响分析

我国经济增长率将受到的影响	
影响	分析
消费需求变动	从整体供给体系来看，我国的公共品始终由政府提供，而政府的供给已经无法满足更多需求。另一方面，个人需求的增长会受到收入分配及消费模式的影响，另外，社会保障远远不能满足人们的需求。在一系列因素的作用下，消费需求会不断发生变动。
净出口需求变动	我国在出口方面主要陷入了两大困境，一是净出口在我国经济发展中的推动作用不断下降；二是国际经济机制使世界秩序正在发生变化。
资本需求变动	由于供给端的制约，导致出口需求、消费需求不足，其中，民间投资受此影响最大，其增长速度大幅下跌，从而引发资本需求不足。

这意味着我国的传统经济模式已经走到尽头。

---
① 图片来源：CRIC海通证券研究所

传统经济模式已走到尽头

我国在经济发展过程中出现的问题越来越多——资源利用不合理、人口红利降低、生产要素的消耗不断增加等等，很难使中国经济在现有的基础上实现突破性发展。

这说明，传统经济模式很难再继续维持我国整体经济的发展。

具体而言，传统经济模式的困局表现在高消耗、高投入、低效益三个方面（见图 6-2）。

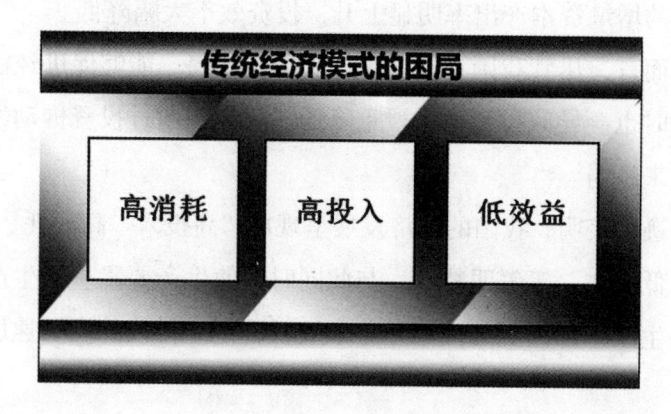

图 6-2 传统经济模式的困局

① 困局一——高消耗

资源消耗过高的问题越来越突出，与经济高速发展是相对应的。

更糟糕的是，环境也因此遭到破坏。

虽然我国正在不断改善这个问题，但据相关数据统计：我国单位 GDP 能耗比世界平均水平高出 50%，比中等收入国家高出 20%，与高收入国家相比，更是高出其 80%。

② 困局二——高投入

20 世纪 80 年代以来，我国的资本形成率一直维持在较高水平，比如在资本方面的投入。

尤其是2013年的资本形成率，较改革开放初期提高了11.1个百分点，远远高于世界平均水平。

③困局三——低效益

国家统计局统计结果显示：2005年时，提高一个单位的GDP要多消耗2.4元投资；2008年，多消耗的投资增加到2.9元；到2009年，又在原基础上增加了0.7元；2014年则需要多消耗4.3元的投资才能提高一个单位的GDP。

我国的增量资本产出率明显上升，投资效率大幅降低。

总体而言，尽管我国在短期内加大投资规模，能够促进经济快速发展，但同时也会导致投资效率严重降低。这说明通过投资推动经济增长的作用越来越弱。

种种迹象表明，我国的经济发展呈现出"高投入、高消耗、高增长、低效益、低成本"等鲜明特点。与此同时，使生产要素从低生产率部门转移到高生产率部门更加困难，若不及时转型，科技的发展速度也会更加滞后。

因此，为了提高整体竞争能力，从根本上推动我国经济发展，只有根据我国的实际情况实施供给侧结构性改革，才能打破瓶颈，最终使经济在快速增长的同时保证经济发展的质量！

6.1.2 供给侧改革需要逐渐市场化

☞ 微观新政

确定供给侧改革实施后，下一步是要让改革逐步市场化。

为什么要这么做？

举个简单的例子。

在打车软件尚未出台之前，"打车难"是许多城市都难以避免的现象。

对此，作为打车"老大难"的首都——北京的出租车就实施了一次全面提价的措施。结果，不管是油价补贴，还是提价，这些手段并未从根本上解决这一难题。

可见，若不从市场出发，增加总量供给，一切改革都是枉然。

与打车情形类似的，还有我国的房地产业。

在过去的十年里，房价一路看涨，我国房地产业始终保持着持续快速的发展。对此，政府曾多次出台宏观调控政策都无疾而终。

这是因为政策的重点不是扩大整个房地产行业的有效供给，而是在打压民众对房子的需求。换言之，虽然房地产行业看似火爆，但从市场角度来看，却没有达到足够的供给量。

因此，我国供给侧改革方案的落地，需要市场化。

（1）供给侧改革需要市场化

著名经济学家吴敬琏表示：

过去即使注意到供给侧的时候往往也采取计划经济的办法，政府出手来改变供给结构、改变供给的体系。比较突出的是全球金融危机发生后，发展战略性新兴产业，这是供给侧结构的改善，能够提高整个经济的效率，但用的办法在相当程度上是政府起决定性作用来配置资源，大量的给企业补贴来发展光伏产业、LED产业等等，而非用市场的方法。正确的办法是建立有利于创新创业的制度体系，通过市场化、法制化、国际化的制度体系来推动供给侧的改善、供给体系和供给结构的改善。

例如在供给侧鼓励创新，政府最重要的是要建设稳定的宏观经济环境，要建设好的法制化的市场体系，而不是直接去确定攻关的内容、确定技术路线、去给企业许多补贴，甚至是已经到了竞争后的阶段，继续给一些企业补贴，这样削弱了市场的竞争。

今天，我国市场经济飞速发展，然而，在飞速发展的同时，也存在着一些制约经济发展的问题，若不及时解决，就是对广大人民群众利益的直接侵害。

例如，近年来，我国的收入分配体制改革始终没能见到太大的成效。

究其原因，是因为此改革在思想上还没有达成共识。

自我国发展市场经济以来，收入的分配方式不断演变：

从"按劳分配"到"按劳分配为主，其他分配方式并存"，又逐渐地向如今的"按生产要素分配"过渡。

在未来，这也是我国收入分配体制的发展趋势，即按照资源、资本、管理、技术、劳动等要素的贡献等，让市场自动完成最终的分配——只要你能为社会创造一定的财富，就能获取相应的报酬。

从供给侧改革的角度来看，若想实现这一目标，需要满足以下几个条件：

① 有效利用公共资源

主要表现为对过度利用公共资源以获取个体收入的现象予以控制。

在以前经济制度还不健全的发展阶段里，包括土地、空间、矿产、海洋、公共设施等许多资源都被占用了，而现阶段就需要通过税收政策等手段加以调节，以达到公平与高效的目的。

② 合理分配社会财富

合理分配的前提是不被公共权力所左右——必须遏制任何形式的直接或间接的参与。

通过行政权力难以合理分配财富，若是强制参与到分配之中就会滋生腐败，甚至对创造了财富的其他因素造成不良影响，降低企业和个人的积极性。

③ 避免垄断

合理分配财富之后，还要确保财富分配不被垄断。现阶段要尽可能地减少、杜绝垄断对财富的瓜分。

许多企业看似利润丰厚，但获取财富的途径其实是垄断，这造成了严重的收入不公现象，久而久之会增加我国的贫富差距。因此，要建立起公平、透明、自由的市场环境，放松管制、打破垄断、促进产权民营化。

此外，就目前的市场环境来看，要刺激新的供给，促进公平分配，还需要对一些小微企业，包括创业企业实行一些免税政策（见表6-2）。

表6-2　对创业企业/小微企业实施免税政策分析

针对创业企业/小微企业实施免税政策	
政策	分析
适当免除所得税	给予小微企业充足的成长空间，待其做大做强之后，政府的税收总额就会增加。具体而言，对于那些盈利尚未达到百万、员工在二十人之内的创业企业，可以在一定的期限内适当免除其部分所得税。
重点落实要素边际报酬	从长远来看，公共投资与转移支付的效率是极低的，所以在此方面要做到尽可能地减少。但实际上，我国政府一直在努力通过税收来调节收入分配，但重点却未放在要素边际报酬的收入上。
解决各项实际问题	经济长期的增长、民众福利的增进，二者是相辅相成、互为依托的。目前来看，必须解决物价、房价不断上涨的问题，铲除以教育、医疗为代表的社会服务供给不足的痼疾，从而让民众不断享受到新政策带来的福祉。

6.1.3 释放经济增长红利的新供给

☞ 微观新政

十八届三中全会强调："让一切劳动、知识、技术、管理、资本的活力竞相迸发，让发展成果更多更公平地惠及全体人民，要实现这一目标，就要将改革的重点放在供给侧。"

我国的新旧供给结构一直没有达到平衡——老供给过多，新供给短缺是当前现状。

那么，当传统发展模式对经济增长的影响力不断降低时，我们就要转变思路，将我国经济的改革重点放在供给侧——让新供给释放新需求与新的经济增长红利。

如何发挥新供给的作用，释放经济红利

如今，世界各国在战略创新上展开竞争，而且在创新方面的竞争重点有所转变。

之前，技术创新是各国的竞争重点；现在，各国竞争的主要领域在新能源、生物产业、新材料、高端装备制造业等七大产业。

如何才能发挥供给侧改革的"新供给"作用，在全球化的竞争中脱颖而出？

① 增加资本投资

增加资本投资，首先要对投资方式、投资主体、投资领域进行改革与完善，在政策支持中强调以人为本的理念。

其次，通过加强人力资源建设来推动经济社会的发展，如在进行资源分配时，增加对教育的投资，明确人才资源的重要性。

最后，推动一些生产服务领域的产业发展，能够大幅提高就业规模与人力资源的利用率，从而通过进一步拉动就业实现对经济结构的升级与完善（见表6-3）。

② 提升资本总存量

在"互联网+"时代背景下，一大批新兴产业如雨后春笋般崛起，如超级计算、网络制造、虚拟现实等等。

与发达国家相比，我国无论是在资本现存量，还是资本总存量，抑或是新兴产业的技术方面都比较落后。

因此，我国要加强投资力度，注重技术研发，提升技术水平。

表 6-3 增加资本投资的具体措施

措施	分析
增加资本投资的具体措施	
完善人力机制	主要是对我国的人力资本投资机制进行完善。
完善社保制度	通过改革提高人力资本存量与劳动力资源总量,对劳动力市场制度进行升级。
加大教育投资	在重视高学历教育的同时,加强对基础教育、专科教育和职业教育的力度,包括展开对农民工的素质教育。同时,以人为本,根据经济结构调整和新兴产业的需求,不断挖掘人力资源,使人才资源与社会各个领域的需求相符。

另外,要采取措施,进一步加大资本积累,提高资本存量,使新供给不断释放新的经济红利,从而提高我国的综合竞争优势!

6.2 需求侧:引导市场需求,释放内需潜力

6.2.1 步骤1:根据供给侧调整需求侧

☞ **微观新政**

众所周知,供给侧改革是针对我国当前经济发展形势做出的决策,体现出了我国在经济改革方面的创新。在2015年11月召开的中央财经领导小组会议上,习近平总书记正式提出"供给侧改革",但会议同时也强调,改革过程中,仍然要在一定程度上增加社会需求。

供给侧改革在"十三五"及至今后的经济发展过程中,都会作为政府的一项重要决策来实施。

值得一提的是,政府虽然将改革重点放在供给方面,但这并不意味着忽视对需求的管理,而是要根据供给侧不断调整需求侧。

在经济调控中,不管是"供给侧"还是"需求侧"都占据十分重要的位置,二者不是独立的,而是互补的——都对经济发展有着巨大的影响。

目前来看,我国供给侧的经济结构还不够完善,具体表现为以下几方面:

- 老龄化问题严重;
- 劳动力素质与社会需求不相符;
- 资本外流问题十分严重;
- 很多企业面临资金短缺问题;
- 技术应用与发达国家相比存在很大差距;
- 低端产品出现产能过剩问题;高端产品无法满足市场需求。

针对上述问题,我国在政策方面的调整,重点是在结构上"提高"与"降低"(见表6-4)。

表6-4 在结构上的调整:"提高"与"降低"

要点	分析
"提高"	是指进一步提高在金融方面对企业发展的支持力度,提高我国在领先技术方面的研发与应用能力,同时,提高我国的创新能力,鼓励创业。
"降低"	是指通过对经济结构改革,降低资本外流速度,逐渐降低产能过剩的严重性,另外,还要缓解人口老龄化给经济发展带来的负面影响。

根据实际情况不断调整需求侧

供给侧改革不应仅仅着眼于当下,更应发挥为我国未来的经济发展清除阻力的作用。

我国的经济发展受到诸多不利因素的阻挠,在需求方面存在以下严重问题:

- 商品价格指数难以提高;
- 进出口增长率持续走低;

- 地方政府与企业的投资需求都十分有限；
- 整体消费不足，结构性消费能力有待提高。

若不及时对经济结构进行调整，经济发展速度会继续下降。

对此，我国在需求侧的调整上，应该进行适当的"增加"与"转型"（见表6-5）。

表6-5 在需求侧上的调整："增加"与"转型"

要点	分析
"增加"	指的是，要增加投资规模，扩大进出口，增加消费。
"转型"	指的是，从低层的消费向高端消费转型，将经济发展的主要带动因素由出口向国内需求转型，由重复投资向差异化投资转型。

眼下，我国需要解决的首要问题是增加消费，"转型"则需要在供给侧改革的过程中逐步落实。

6.2.2 步骤2：完善需求侧推动供给侧

☞ **微观新政**

相比之下，供给侧改革在短时间内成效有限，而需求侧改革实施后，在短时间内就能见到成效。

进入"十三五"之后，我国在经济新常态下面临种种问题。

为此，不但要着眼于眼前的经济形势，更要顾及长远的发展——既要注重供给侧改革，又不能忽视需求侧管理。在今后的经济战略制定过程中，要通过不断完善需求侧来推动供给侧。

从我国目前整体的经济发展状况来看，我们应该通过完善需求侧管理，推动供给侧改革的落地，为其提供良好的环境。从而进一步解决当下经济发展面临的危机问题,逐步解决结构性短缺问题,提高整体经济发展的持续性。

通过完善需求侧推动供给侧落地

我国政府采取的措施,既要解决需求侧问题,也要为供给侧改革的落地提供便利。

若想二者兼顾,可以从以下几方面着手:

① 放松管制,鼓励创新、创业

加速改革与调整产业结构,淘汰一些产能过剩问题严重、价值不高的企业(见表6-6)。

表6-6 放松管制,加速产业结构调整的三个步骤

放松管制,加速产业结构调整的三个步骤	
步骤	分析
鼓励创新	支持运用新技术的新兴产业的发展。使科研人员能够充分发挥自己的创新能力,为科研者提供更多的便利条件与支持。
市场体制改革	推动科技成果的实践,鼓励在企业生产中应用先进技术。
发挥消费的带动作用	提高国内企业品牌的影响力,通过突出产品的特色,增强消费者体验,进一步刺激消费需求,使创新供给与需求形势更加匹配。

② 税收改革,推动生产、消费(见表6-7)

表6-7 实施税收改革的三个步骤

实施税收改革的三个步骤	
步骤	分析
降低企业税收成本	减少中小规模企业在税收方面的成本消耗。
发挥税收的调节作用	通过税收制度的完善促进不同收入水平居民之间的公平,对个人所得税进行适当调整,减少低收入百姓的税收负担。
改革税收机制和财政机制	进一步扩大消费,提供制度保障,从而提高居民的生产积极性。

③打破垄断，促进投资、升级（见表6-8）

表6-8　打破垄断的三个步骤

实施税收改革的三个步骤	
步骤	分析
深化国企改革	一方面，要继续进行混合所有制改革；另一方面，要打破行业垄断，不要将普通百姓阻拦在某些垄断行业的投资门外，降低投资门槛，推动资本流动。
调整负面清单	使投资及融资领域中能够吸纳更多的资本。
完善配套金融机制	通过推动一些传统企业的升级，使市场供给更加多样，在扩大投资需求的同时，真正帮助企业解决融资难题。

④加大保障力度，成果惠及人民（见表6-9）

表6-9　加大保障力度的三个步骤

加大保障力度的三个步骤	
步骤	分析
完善社会保障	完善社会养老及社会保障体系，引导更多的投资流入这些领域，支持农村地区的科教文卫事业的发展等等。
建设服务型政府	增加消费，提高人们的整体收入水平。
加大投资	进一步治理城市及地区的环境问题，为贫困人群提供基本的生活保障等等。

6.3 供给侧＋需求侧：双向发力，促进我国产业面向中高端

6.3.1 让经济回归"供给自动创造需求"的状态

☞ 微观新政

自政府高层明确提出"推动供给侧结构性改革，着力改善供给体系的供给效率和质量"以来，新供给主义经济学逐渐被更多的人所熟知，并引起了广泛关注。

新供给主义经济学思想来源于国外的供给学派，但又与其有很大差异，是根据我国具体经济现实提出的分析我国经济增长动力机制的新思想、新路径。该学派认为，理想的经济运行机制是一个"供给自动创造需求"的过程。

不过，经济在实际运行中常常会受到"供给错位"、"供给约束"、"供给抑制"等方面的影响，而无法达到最优状态。这就需要政府进行供给管理，通过供给端的宏观调控，推动经济运行回到"供给自动创造需求"的良性状态（见表6-10）。

表6-10 回归"供给自动创造需求"的三个层面

回归"供给自动创造需求"的三个层面	
要点	分析
短期层面	要简政放权，完善企业融资环境和渠道，降低赋税和市场准入门槛，从而解除供给约束，减轻企业发展负担。
中期层面	要优化供给结构，增强供给能力；充分发挥市场对资源的优化配置作用，继续深化完善市场经济体制改革，让更多的生产要素流向新兴和高端产业。
长期层面	要构建经济增长的新动力，从而开启我国经济发展的新周期。具体表现为：深入推进供给侧结构性改革，提高供给效率和质量；减轻甚至消除在资金、技术、土地、劳动等生产要素方面的供给抑制。

"供给自动创造需求"的四个阶段

根据新供给主义经济学思想，供给和需求的结构变化和相互作用引起经济的周期性波动。

因此，从经济周期来看，要实现"供给自动创造需求"主要分为四个阶段（见表6-11）。

从上述四个发展周期来看，如果新供给领域在形成和扩张阶段，经济发展就会充满活力，反之经济发展就会受到制约，陷入经济增速持续下降甚至停滞状态。

图6-11 "供给自动创造需求"要经历的四个阶段

要点	分析
"供给自动创造需求"要经历的四个阶段	
形成阶段	在技术进步的推动下，新供给已然出现，并逐渐成为经济增长的新引擎，开启发展新周期，促使经济复苏，但成熟老化的供给依然存在。
扩张阶段	由于新供给顺应了需求结构变化，因而释放出更多的新需求，受到市场普遍认可和接受，也因此形成了新供给和新需求的相互促进，并推动经济走向扩张阶段。
成熟阶段	供给规模因大量生产要素转入新供给领域而逐渐扩大；但由于市场需求趋于平稳，经济增速开始回落，新供给自动创造新需求的能力逐渐减弱。
老化阶段	老化的供给结构无法有效满足新的需求变化，更多资源的涌入导致新供给领域出现产能过剩问题，总需求不断下降，经济发展进入供给老化阶段；同时，新的供给领域还没有形成，经济萧条。

新供给主义经济学认为，当一个国家的大多数产业逐渐步入供给老化阶段时，经济就需要转型升级，此时较为可行的方案是：站在供给管理的视角进行宏观调控，通过各种措施，鼓励生产要素向新供给产业流转，使经济回归到"供给自动创造需求"的状态。

为此，我们应该通过以下措施"放松供给约束"。

① 宏观调控

总体来看，经济的发展总是要经历一定周期，"供给自动创造需求"的理想经济运行状态势必会被打破。但经济发展也具有自我循环"净化"的能力，可以通过新供给和新需求的交互作用重新恢复平衡状态——无论是经济增长中的阶段性、局部性失衡，还是供给老化造成的产能过剩，都可以通过资源向新供给领域的转化而解决。

因此，宏观调控的着力点，既不应该借助产业政策等行政计划手段，破坏现有的市场运作机制，也不应该通过需求管理扩大供给老化的旧产业。而是应该从供给端出发，通过资源优化配置，创造新供给，引导新供给，创造新需求，从而实现供给和需求的平衡。具体表现为降低企业成本，放开"供给约束"，充分释放市场活力，减少"供给抑制"，从而促进经济转型升级。

② 微观调控

新供给创造新需求，不仅需要在宏观上开启经济发展新周期，同时也需要微观层面的调控。市场对新供给的追捧，必然会推动更多的劳动、资本、资源等要素向新供给产业转移，从而化解产能过剩问题，刺激新经济增长。从而让更多的生产要素涌入新供给领域，逐步构建经济增长的全新引擎！

6.3.2 持续发展的引擎：创造新供给、释放新需求

☞ **微观新政**

在美国，几乎人人都开着汽车——大多数汽车都是在底特律生产的。

但底特律的汽车制造企业却依然处于亏损状态。相反，汽车金融、汽车装潢、汽车4S店、汽车广告等产业却实现了盈利。

这说明"软财富"①产业的价值创造能力不可限量。

同样，但凡那些最终赚到钱的汽车制造商，大多是在汽车这一传统的"硬财富"产品基础上，延伸出了更多价值。

正如奔驰公司认为自己卖的不是汽车，而是一件会跑的艺术品。

有数据显示，美国79%的财富创造来自于"软"产业。

相比之下，我国的这一数据还不到50%。

因此，我国需要通过供给侧改革，让发展持续下去。

---

① 软财富：指的是金融资产，金融资产是实体财富发展到一定阶段的必然产物，与之对应的是"硬财富"。硬财富通指实物财富，如金银、房产、土地等。

打造经济持续发展的新引擎，就是要通过"供给侧改革"，根据经济新常态的要求更新供给结构——创造新供给、释放新需求。

具体而言，就是在"互联网+"的经济新常态下，借助科技进步和创新，培育"硬财富"产业的"软价值"，对传统"硬财富"产业进行优化升级，提高这些产业的竞争力；大力推进新兴的具有核心竞争力的软财富行业的发展，包括信息、文化、知识、金融等，从而更新供给结构，创造新需求。

让新供给释放新需求

供给学派的调控思路，着力点在于解决由于以往侧重需求管理而造成的"供给约束"，如成本约束、垄断约束、税收约束、政策管制因素等，目的是激发市场活力、减轻企业负担、通过创造新供给促进经济复苏。

我国的新供给主义经济学，将上述核心理念概括为从供给端培育经济的发展潜力——"放松供给约束"。

具体措施如下：

① 大规模减税

近二十年来，我国经济的宏观调控思路，始终是采取凯恩斯经济学主张的需求管理手段——这在保证短期内经济高速增长的同时，也造成严重的"供给约束"问题。如高社会成本、高赋税、强管制、高垄断等等。

对此可采取的对策主要有：

- 降低企业发展成本；
- 积极推进金融资本市场改革，降低融资成本；
- 降低市场准入门槛、激发企业活力；
- 简政放权，进一步放宽政府对市场和企业的行政管制；
- 充分发挥市场对资源的优化配置作用；
- 深化市场经济体制改革，促进自由竞争；
- 对国有企业优化重组等等。

② 激发企业活力

据统计，2014年我国的宏观税负水平为37.2%，超过发展中国家平均水平近十个百分点，略高于发达国家的税负水平。

如果考虑到社保基金、政府性基金、企业税费等方面，我国企业的税负水平将达到40%，远高于发达国家24%～27%的平均税负水平。

可见，如果我国的综合税负水平也能降到国际平均水平，必然会激发企业活力，增强经济供给能力，从而逐渐解除"供给约束"！

6.3.3 流转并优化五个财富创造要素

☞ **微观新政**

影响经济长期增长率的5个财富创造要素——人口和劳动力、土地和资源、资本和金融、技术和创造、制度和管理。

新供给主义经济学认为，当前我国经济发展中仍然普遍存在"供给抑制"。为此，宏观调控的主要着力点便是合理优化、配置、利用上述5个要素，从而释放出更大的经济增长潜力。

早在2013年十八届三中全会上，政府就提出通过流转并优化劳动力、知识、技术、资本、管理等五个财富创造要素，让更多的民众享受到改革的红利。

如何流转、优化五个财富创造要素？

新供给主义经济学理论认为，要解除供给抑制、增强我国经济的可持续发展能力，就必须靠五个财富创造要素（见图6-3）。

① 要素一——人口与劳动力

当前我国城乡经济发展极不平衡，二者的人均GDP水平相差约为五倍。

这意味着，如果农业人口转变为城市人口，那么，经济增长将是原来的五倍。

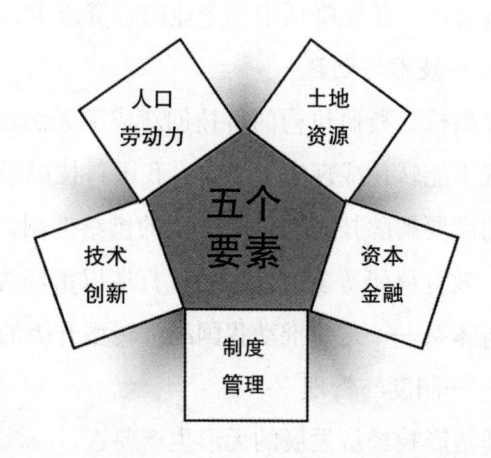

图 6-3　五个财富创造要素

因此，若能加快城市化进程，如为人口和劳动力的自由流动创造更为宽松的环境，完善社会保障体系，放宽户籍管制，解除人口和劳动力的供给抑制，那么，就会有更多民众享受到我国经济发展的人口红利。

② 要素二——土地与资源

由于我国对于矿产、石油等附着在土地上的资源的垄断性管制，导致资源闲置和浪费严重，利用效率低下，资源粗放经营。

若能优化产权结构，促进这些生产要素的自由流动，解除对土地和资源的供给抑制，就能大大提升供给能力。

③ 要素三——资本与金融

目前，无论从国内储蓄还是外汇储备来看，我国都是世界上资本最多的国家。

然而，国内企业特别是中小企业却依然面临严峻的融资困境。

由于资本严重短缺而倒闭的企业不占少数。

因此,放开金融资本方面的供给抑制,不但能够解决企业资金空转问题,盘活存量货币,还能降低中小企业的融资成本,激发企业活力。

④ 要素四——技术与创新

目前,许多高校、科研机构的科技创新成果无法真正应用到社会生产领域,这样就不能转化成现实生产力,我国科技成果转化率还很低。

为此,我们需要解除技术和创新方面的供给抑制,从金融资本、市场、政府管理、教育科研等多方面发力,打造以市场为导向、产学研相结合的科技创新体系——这是推动我国经济转型升级的重要手段。

⑤ 要素五——制度与管理

制度和管理是影响经济发展的无形生产要素。

目前,我国经济发展遇到了新的结构和制度瓶颈,但人口、土地、资源等有形的生产资源,在短期内不会有太多变化。那么,就只能通过制度、管理等无形要素的转型升级,例如对占用大量生产资源的国有企业进行优化重组,提升生产效率,从而解除供给抑制,激发市场活力,推动经济转型升级!

6.3.4 两端发力、双管齐下

☞ **微观新政**

此前,我国经济的发展主要依靠需求拉动,很少关注市场供给的质量以及与需求的匹配度。

如今,需求状态逐渐稳定,除了要根据经济发展的要求,有针对性地提高供给效率,提高供给质量,还应该两端发力、双管齐下,引导我国的经济发展向集约化方向前进。

在2015年3月的《政府工作报告》中,"供给创新"的问题就提上了议程。报告指出:

以微观活力支撑宏观稳定,以供给创新带动需求扩大,以结构调整促进总量平衡,确保经济运行在合理区间。

2015年11月初,《中共中央关于制定国民经济和社会发展第十三个五年规划的建议》正式发布,《建议》中提到了"创造新供给"的问题,指出:

要优化劳动力、资本、土地、技术、管理等要素配置,激发创新创业活力,推动大众创业、万众创新,释放新需求,创造新供给,推动新技术、新产业、新业态蓬勃发展,加快实现发展动力转换。

其中涉及的"创造新供给"与政府工作报告中的"供给创新"如出一辙。

可以肯定的是,2015年,我国政府将经济改革的目光转移到供给侧——这一政策不仅能有效增强政府的公信力,还能突破经济发展的瓶颈。同时,推动经济发展模式的转变,也为我国经济的平稳运行带来诸多益处。

如何"两端齐发力"?

我国知名经济学专家周天勇认为:

如今的经济调控确实应该将供给侧作为重点。当经济紧缩时,需求侧改革能够刺激需求,经济膨胀时,需求侧改革能够降低财政压力。与其不同的是,供给侧改革更加注重降低企业税负,以此来推动企业生产,鼓励创业,为小规模企业的发展营造了良好的环境,除此之外,还能降低失业率,提高制造业的盈利能力。

现实是,在全球经济发展都呈现萎靡状态的今天,我国经济的发展局势也异常复杂。

在这样的局势下,我国在实施供给侧改革的同时,也不能忽视需求侧管理,而是要着眼于当前的经济局势,从供给端和需求端两端发力,双管齐下。

① 立足长远

从经济发展的长远来看,供给侧改革的目的是让生产更加符合需求,并对产业结构进行调整。通过供给侧和需求侧"两端齐发力",可以使需求增长维持在合理范围内,让整体经济呈现良好的发展态势,这样才更利于经济结构的调整(见表6-12)。

表6-12 供给侧和需求侧"两端齐发力"的具体措施

供给侧和需求侧"两端齐发力"的具体措施	
措施	分析
"两化"	努力实施新型城镇化道路、实现产业结构优化。
"两创"	推动整体创新、扶持创业(即"大众创业、万众创新")。
"两扩"	在经济发展过程中扩大我国对亚非拉合作国家的开放程度;扩大投资,调整结构组成,提高经济发展质量。
"两减"	放松限制,减少行政审批;围绕结构性减税进行税收制度调整。
"两促"	对我国的经济制度进行调整,促进其适应时代需求;促进国有经济与非国有经济的转型,提升优势力量。
"两转"	引导国家资本更多地转向社会保障与服务领域;加速转变人口组成结构。
"两配套"	在金融方面实施配套改革与建设;同时加快价格、税收及财政政策的配套改革。
"两到位"	在更大范围内,实行公私合作模式,推动整体经济的发展。使政府的调控作用发挥到位,同时使市场的主导作用发挥到位。

② 刺激消费,拉动经济增长

就目前的情况而言,消费仍然是拉动经济增长的重要手段。

近年来,我国国民收入一直在不断提高,且居民收入的增速始终保持着全球最高的水平,储蓄率居高不下。原因有两个:

- 居民的消费需求得不到满足,无法或是很难买到自己所需的产品;
- 未来的不确定性使得居民缺乏安全感(主要体现为无法确定未来

在这些方面要花多少钱）。

以医疗为例，个人的医疗支出大约占据了全部医疗费用的 50%，这个数字比之 1978 年要高出一半以上。正是因为没有足够的能力分担风险，使得居民不敢去消费。

这就要求我们必须给消费者服下"定心丸"，才能使其乐于消费并没有后顾之忧。

【市场机遇篇】
供给侧改革的影响和未来

国民煞费苦心去国外海淘,有人说买洋货实属无奈之举。

说到底,还是因为国内产品的质量无法满足国民需求——市场的供给端提供的产品有问题,没有质量,只求数量。

而供给侧改革不仅能调节供需关系,入学难、看病难、买房难等与我们息息相关的难题都有望得到缓解。

供给侧改革的实质是三中全会"全面深化改革"在要素领域的延续、聚焦。

供给侧改革如何影响经济结构?

供给侧改革如何影响杠杆率?

供给侧改革对产业升级有什么影响?

供给侧改革未来的看点和发展走向是什么……

可以肯定的是:改革的蓝图已经铺开,中国经济未来的前景令人期待!

第7章 影响渗透：历史不会重演，但剧情总有相似

7.1 沉淀：改革影响力是政策的另一种沉淀

7.1.1 供给侧改革对经济结构的影响：第三产业占比攀升

☞ 微观新政

通过对供给侧改革落地逻辑、战略和路径的了解得知，在未来，供给侧改革将渗透到现实经济生活中的方方面面，改革已进入深水区。

而转变经济的发展方式已成为我们新的共识——专家、学者、媒体、政府、普通民众，都无一例外地认识到这一问题，并看到了供给侧改革的影响力。

其中，最大的影响表现在两个方面：一个是对杠杆率的影响，另一个就是本节讲到的对经济结构的影响。

众所周知，习近平总书记所强调的供给侧改革，主要是从供给的角度着手进行。

其实，我们也可将这一概念视为整个中国经济的生产能力，受此影响最大的便是经济结构的转型升级。

当然，要想使一个国家的经济实现从中低端向高端过渡，是一个复杂、艰难而系统的过程。

（1）供给侧改革使我国第三产业比重上升

在宏观上，经济结构可主要分为生产和收入两个方面。从生产角度

来看，供给侧改革最大的影响是使我国第三产业的比重上升。对应的，第二产业中传统工业占比下降、新兴产业占比上升。

而从收入角度看，供给侧改革将重新分配"经济蛋糕"：减税和加速折旧及产能去化将导致固定资产折旧占比短期上升、长期趋降，导致生产税净额占比下降；降低成本和产能去化将加速劳动力跨地域、跨部门流转以及提高人力资本，导致企业营业盈余占比上升，劳动者报酬上升（见图7-1）。

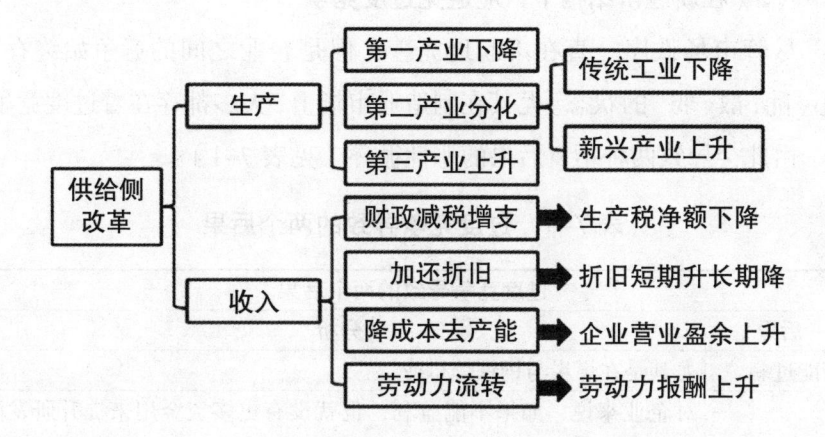

图 7-1 供给侧改革对我国经济结构产生的影响①

这表明我国经济发展结构和产业结构都发生了变化。

① 我国经济发展结构的调整和发展重心的转移

在"十二五"规划的末期，我国经济进入了发展的增速下滑状态，我国政府非常注重经济结构的调整。中央财经领导小组在第十一次会议上提出的指示就说明了国家对现阶段的情况有着正确的认识，在政策上也会有相应措施：将经济改革与调控的重点转移到供给这一角度与层面

---

① 图片来源：海通证券研究所

上来，以应对刺激消费所带来的经济结构不合理、产能过剩等问题。

② 我国产业结构的调整和优化升级

为了让供给一方投入的资源配置效率能够进一步提高，就必须调整产业结构。

例如，针对产能过剩的产业，政府会在贷款额度、环保标准等方面进行适当的控制；针对土地资源，政府会在以后的供给分配中，更偏向于第三产业；这样产业结构才会得到进一步优化。

（2）在新经济结构下，应避免过度竞争

尽管市场秩序一直在不断地完善，但是企业之间的竞争始终存在"小、乱、散、弱"的状态。尤其在制造业市场上，大多都存在着过度竞争。

由此会导致两种不良后果的恶性循环（见表7-1）。

表7-1　过度竞争导致的两个后果

过度竞争导致的两个后果	
后果	分析
产能过剩	尤其是在煤炭与钢铁等行业。
利润降低	对企业来说，如果不能盈利，也就没有更多资金用来提升研发能力，产品的质量也就无法得到进一步提高。这样一来，产品实现不了优化升级，自然也就无法满足消费者日益增长的需求。那么，消费者只能无奈地将消费目光投到国外市场，导致国内企业利润不断降低。

针对上述情况政府应该有相应的改进方案：

- 投入更多的人力以求更有效地监管市场；
- 进一步完善市场秩序；
- 保障企业能够有效的遵守当前的市场规则；
- 根据客观实际与发展需要对市场规则进行完善与优化；
- 实现产业的创新升级（包括了技术上的创新）等等。

上述几点改进方案，也恰好符合"十三五"规划的宗旨——"推动大众创业、万众创新，释放新需求，创造新供给，推动新技术、新产业、新业态蓬勃发展，加快实现发展动力转换。"唯有充分调动起市场经济的活力，企业和消费者才能为我国经济创造更多财富。

7.1.2 供给侧改革对杠杆率的影响：化解防范金融风险

☞ **微观新政**

不管是实施创新驱动战略，推动大众创业、万众创新，还是深化结构性改革，都是着力从供给侧进行改善和发展。

如此一来，加强供给侧结构性改革将深刻影响未来宏观调控、产业政策等方面。在这一过程中，金融业也将受到影响，在未来，金融业既要通过改革创新，促进供给体系质量和效率的提高，也要积极适应供给侧管理的经济思想，实现转型升级。

金融资源是我国经济的核心资源。

既然加强供给侧管理，将成为未来影响宏观调控、改革举措、产业政策、左右我国经济发展思路的关键所在。那么，它将如何影响金融业的改革发展？

供给侧改革引起杠杆率的变化

通过我国近十年分部门杠杆率的对比变化（见图7-2）能得出以下结论：

产能去化——意味着企业部门杠杆率将持续下行；

二三线城市房地产库存去化和户籍制度改革——意味着居民部门杠杆率将持续下行；

财政支出提升和减税降费——意味着政府部门杠杆率将大幅上升；

企业降低财务成本和防范化解金融风险——意味着金融部门杠杆率

将缓慢上升。

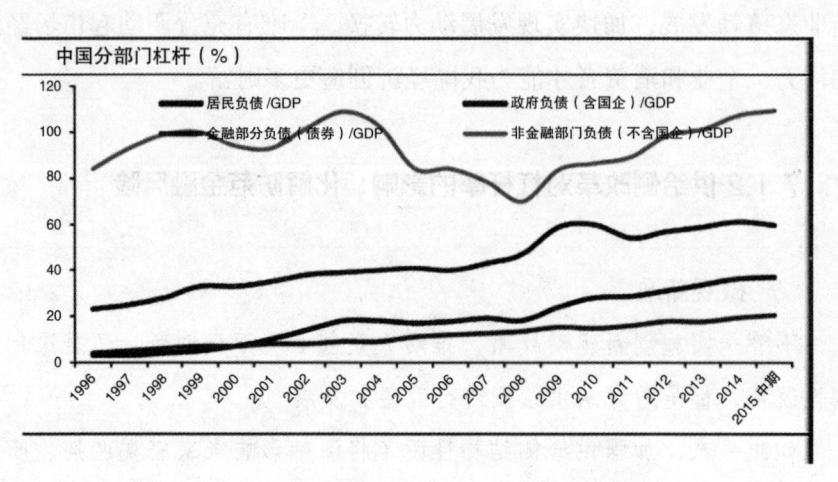

图 7-2　中国近十年分部门杠杆率对比[①]

具体我们可以从以下几个角度进行分析：
① 货币政策角度

从货币政策角度看，我国经济在保持总量稳定的前提下，要为化解产能过剩、市场出清、降杠杆，促进结构优化创造条件。

央行在最新公布的三季度货币政策报告中表示："既要防止结构调整过程中出现总需求的惯性下滑，同时又不能过度放水、妨碍市场的有效出清，为经济结构调整与转型升级营造中性适度的货币金融环境。"

这就需要加大定向调控力度，通过统筹进行区间调控、定向调控、相机调控，继续调控思路和政策工具方面进行创新。

② 金融业发展创新角度

从金融业发展角度来看，需要金融业拓展金融资源有效配置的领域和空间，加大改革创新力度。无论是"十三五"规划建议，还是十八届三中

---

① 图片来源：海通证券研究所

全会对全面深化改革的部署，都勾画出了对我国金融改革创新图景——
- 加大金融产品创新、制度创新；
- 构建多层次的金融组织体系，扩大金融业开放；
- 发挥市场的决定性作用，推进利率汇率市场化改革。

③杠杆率角度

杠杆率是指资产负债表中总资产与权益资本的比率。它是衡量企业负债风险的指标，从侧面反映出企业的还款能力。在不同的经济周期，杠杆率有不同的调整方式（见图7-3）。

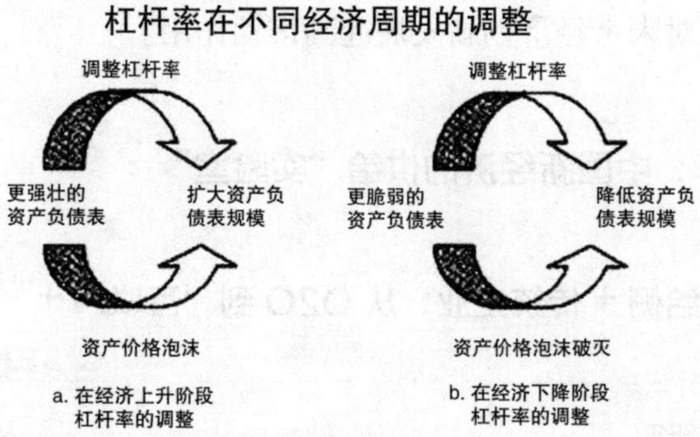

图7-3 杠杆率在不同经济周期的调整[1]

从杠杆率的角度来看，我国需要继续优化融资结构，提高直接融资比重，从而平衡杠杆率。

目前，我国企业和个人的融资渠道依然以银行贷款为主，在一定程度上融资结构的不完善影响了供给端的管理。

而我国以银行为主导的间接金融体制具有以下3个结构性的缺陷（见表7-2）。

这说明我国的融资结构有待进一步优化。

---

[1] 图片来源：MBA智库百科

表 7-2 结构性缺陷的三个层次

结构性缺陷的三个层次	
要点	分析
支持过度与不足	对传统产业和大企业支持过度、对创新支持不足。
适应新常态的能力不足	在经济增速时期更倾向于同业融资以控制信用风险。
潜藏的金融风险	杠杆率不断推升,将导致潜藏系统性金融风险的滋生。

要增强经济持续增长动力,要提高供给体系的质量和效率,就要优化银行贷款结构,促进经济结构调整,提升股权融资比重,加强多层次资本市场建设,从而发挥资本市场的促进作用,使我国的杠杆率处于相对平衡状态,对未来经济创新发展起到推动作用。

7.2 升华:中国新经济的供给"实验室"

7.2.1 供给侧+传统企业:从 O2O 到"互联网+"创业

☞ 微观新政

今天,即便 O2O[①] 风靡,也无法掩盖以下事实:

无论挂号网做得如何优秀,好医院依旧是稀缺资源;

无论体育如何发展 O2O 项目,足球场和优秀球员资源仍旧不足。

因此,传统行业唯有变革,才能在互联网时代,尽情享受供给侧改革的红利,实现效率最大化。

提升竞争力促进经济发展是供给侧改革的终极目标。它的影响力将渗透到各行各业,这对我国传统行业、企业的转型升级有着重大意义。

---

① O2O:即 Online To Offline,也即将线下商务的机会与互联网结合在一起,让互联网成为线下交易的前台。

一些传统行业已经迫不及待地享受改革带来的红利,纷纷加入到中国新经济的供给"实验室"。

(1)有时,敢于冒险才有新的机遇

一位国外作家曾写了下面这个神秘的故事:

一个水手的儿子在他很小的时候,第一次随大人上船去玩。

他伏在甲板上看海,忽然他看见在船后面有一条很大的鱼。他指给别人看那条大鱼,奇怪的是没有人看见这条鱼。

大家想起来一个传说,说海里有一种怪物形状像鱼,一般人看不见。如果一个人能看见它,这个人将因它而死。

从此这个人不敢再到海上,也不敢再乘船。

但他经常到海边,每次他走到海边,都能看见这条鱼在海里出现。

有时他走在桥上,就看见这条鱼游向桥下。

他渐渐习惯了看到这条鱼,但是他从不敢接近这条鱼。

就这样他度过了一生。

在他年老面临死亡的时候,他终于忍不住了,决定到鱼那里去,看看到底会发生什么。他坐上一条小船,划向海里的大鱼。

他问大鱼:"你一直跟着我,到底想干什么?"

大鱼回答:"我想送给你珍宝。"

他看到了大量的珍宝。他说:"晚了,我已经要死了。"

第二天,人们发现他死在了他的小船上……

从心理学角度来看,所谓的海是潜意识的象征——深不可测,浩瀚无边。其中隐藏着无数的奥秘。

而大鱼就是大海的奥秘所在,是潜意识中的精神和直觉的象征。

在我们的潜意识中,有危险的成分,但也不尽然。

试想,如果那个人在第一次看到大鱼时就鼓足勇气,冒险接近它,也许他早已是百万富翁了。可直到死亡来临的时刻,他才决定去冒险,可是已经晚了。

人生如此，改革亦如此。

（2）"传统行业不会消失，但传统行业的人会被抛弃"

有媒体指出，在未来：846家O2O企业止步A轮融资都将面临倒闭，登上"死亡榜"。

亿欧网[①]创始人黄渊普无奈地说道："亿欧网也走到了A轮融资，又处在O2O领域，每当有人如此说起时，我都不知道如何回应。"

2015年上半年，O2O还处于风生水起的上升期，到了2015年下半年，O2O就遭遇了资本寒潮。

黄渊普认为："80%的O2O创业公司倒闭属于正常的现象，因为在此之前，团购网站的死亡率高达99%。"

在供给侧改革背景下，消费者的个性化需求不仅在线上，也包括线下。O2O企业要想走得更远，在大力拓展线上服务的同时，更应该重视线下服务。

以Uber和特斯拉为例，Uber的核心是共享型经济——让用户减少用车，减少道路拥堵，从而减少尾气污染。

但要真正解决大气污染问题，单靠Uber肯定不行，还需要从清洁能源着手。

于是新能源汽车特斯拉就诞生了——这就是供给侧改革的产物。

黄渊普说："就如刘强东所言，未来的机会在传统行业。传统行业不会消失，但传统行业的人会被抛弃。"

①适时地穿上"互联网+"的外衣

如今，越来越多的传统企业穿上了"互联网+"的外衣。

e袋洗脱胎于传统线下洗衣店荣昌[②]；

[①] 亿欧网：专注于O2O领域的垂直创业媒体。
[②] 荣昌洗衣：自1990年成立，至2016年已经26年，是一家从家庭作坊式的经营发展成为专业从事清洁服务的连锁企业。e袋洗是其网上商城。

飞牛网脱胎于传统商超大润发①；

自如网脱胎于传统房地产中介链家②。

——或许，未来几年，这些产品的母体有可能全军覆没，但它们却可以作为创新产品而获得新生。

② "互联网+"创业时代来了

互联网IT老兵李大学，在2005年到2015年这一电商发展的黄金十年加入了京东，并创办了磁云科技。

在"互联网+"时代创业的不仅有加入京东的这位"老兵"，所有传统行业都亟待转型升级。

以传统服装企业来说，从设计到下单，再到生产制衣，大概需要六七个月的周期。这会导致零售商存在库存积压的问题，因此传统企业达到二三十亿的营收就已经触到天花板了，即便是凡客诚品这样的服装电商大佬也难逃此宿命。为此，我们必须借助"互联网+"的力量，通过云计算和大数据改造传统产业——利用互联网，让信息、资金、物流三个系统形成合力，助力传统企业转型。

7.2.2 供给侧+农业：读懂"一号文件"，保障持续增收

☞ **微观新政**

新华社消息报道显示：

2016年中央一号文件③全文共约15000字，共分6个部分30条内容。

---

① 大润发：英文：RT-MART，是台湾一家大型连锁量贩店。由润泰集团总裁尹衍梁创设。飞牛网是其网上商城。
② 链家：是目前中国唯一真正具备全产业链的大型房地产O2O交易平台，自如网是其网络交易平台。
③ 中央一号文件：全称《关于落实发展新理念加快农业现代化实现全面小康目标的若干意见》，简称文件。最新版文件于2016年1月27号正式发布。

主要包括：

持续夯实现代农业基础，提高农业质量效益和竞争力；

加强资源保护和生态修复，推动农业绿色发展；

推进农村产业融合，促进农民收入持续较快增长；

推动城乡协调发展，提高新农村建设水平；

深入推进农村改革，增强农村发展内生动力；

加强和改善党对"三农"工作指导。

这是改革开放以来第18份以"三农"为主题的一号文件，也是我国政府自2004年以来，连续第13次在中央一号文件中聚焦"三农"。

那么，对当前我国"三农"发展呈现出的新矛盾和新挑战，我国政府有哪些新的破题之策？

关于"三农"问题，2016年中央一号文件给出了意见（见表7-3）。

表7-3　2016年中央一号文件对"三农"问题的意见

要点	2016年中央一号文件对"三农"问题的意见
	分析
文件认为	在经济发展新常态、资源环境约束趋紧的大背景下，如何促进农民收入稳定较快增长并确保如期实现全面小康，如何加快转变农业发展方式以确保粮食等重要农产品实现有效供给，如何提升我国农业竞争力赢得参与国际市场竞争的主动权，已成为我国农业农村发展必须完成和破解的历史任务和现实难题。
文件指出	把坚持农民主体地位、增进农民福祉作为农村一切工作的出发点和落脚点，用发展新理念破解"三农"新难题，厚植农业农村发展优势，加大创新驱动力度，推进农业供给侧结构性改革，加快转变农业发展方式，保持农业稳定发展和农民持续增收，走产出高效、产品安全、资源节约、环境友好的农业现代化道路，推动新型城镇化与新农村建设双轮驱动、互促共进，让广大农民平等参与现代化进程、共同分享现代化成果。

由此可以看出，此次文件的着墨重点在于——

- 农业现代化（连续三年写入标题）；
- 农业供给侧改革（首次写入一号文件）；
- 绿色农业（文件第二部分单独提出，重要性明确）。

（1）六张图读懂"一号文件"，保障农民持续增收

中央农村工作领导小组副组长陈锡文说道：

从去年的情况看，农民的财产性收入，在整个收入结构比重是非常低的，只占2.2%。我想，其实所有的国家，让老百姓增加收入，主要的精力都应该放在鼓励大家创业就业，发展经济、发展生产上，靠卖老祖宗的财产，这样的措施各个国家都不是太鼓励的。所以我们要强调对于农民的财产权利要有保障，要让他获得应该有的财产性收入。农民的土地承包权、农民的宅基地使用权、农民对集体资产的收益分配权必须维护。

央视财经《经济信息联播》报道亦指出：

农民收入的增长这几年都以工资性收入为主，简单说就是外出打工的收入比例较大，相反依靠种植增产的收益出现下滑，一方面和农产品价格下跌有关，另一方面传统增收方式面临挑战。

如何保障农民持续增收，以下六大措施将促进农民持续增收。

① 推进城镇化

减少一些不必要的开支，让更多农民工在城镇落户，加快推进新型城镇化，给城市发展带来更多的消费性的支出（见图7-4）。

② 创新经营

发展多种形式的适度规模经营，在农业经营方式上进行创新，提高农业的效益（见图7-5）。

③ 政府助力

政府要助力农民大规模推广先进适用的良种和技术，开展大规模农田水利等基本建设，依靠科技创新提高农业效率（见图7-6）。

图 7-4 推进城镇化的措施 1[①]

图 7-5 推进城镇化的措施 2

[①] 图片7-4、7-5、7-6、7-7、7-8、7-9来源：新浪网、央视经济信息联播

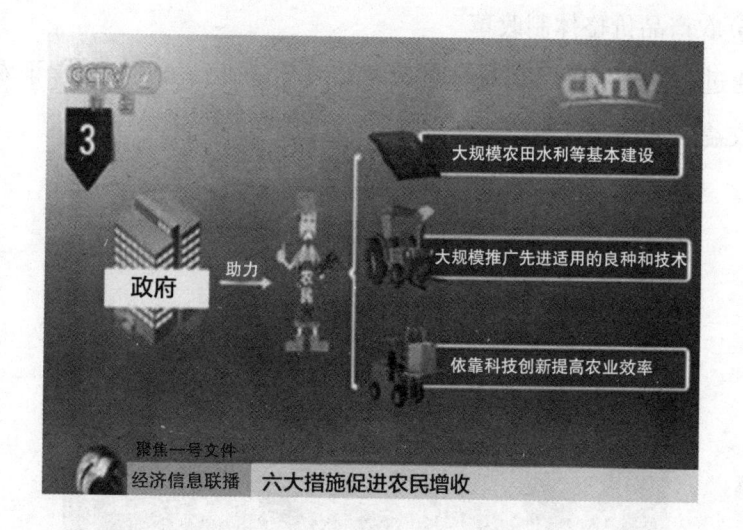

图 7-6　推进城镇化的措施 3

④ 融合发展

要让农民通过农产品加工、农产品销售的产业链条获得更多的收益，在农村推进一二三产业的融合发展（见图 7-7）。

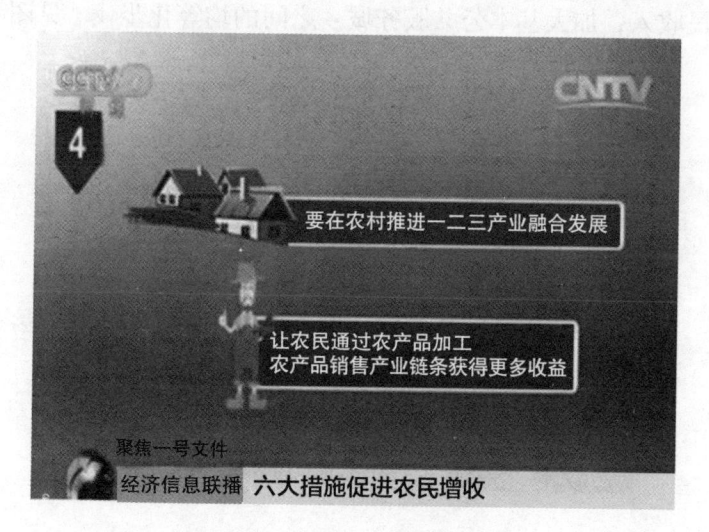

图 7-7　推进城镇化的措施 4

⑤ 农产品价格体制改革

通过一系列农产品价格体制改革，其他的补贴方式，来保证农民的合理收益（见图7-8）。

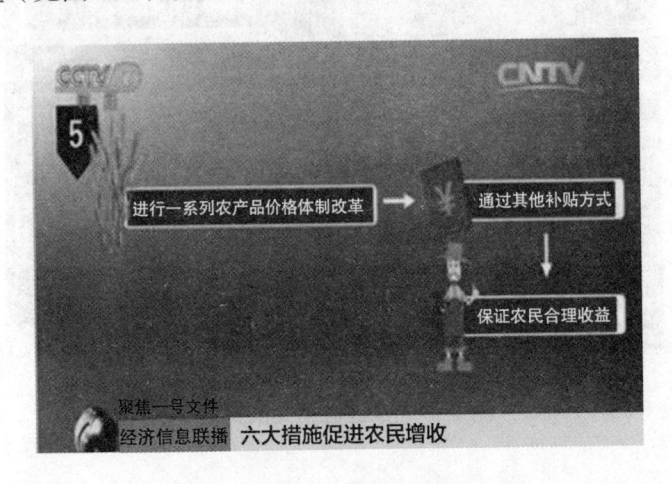

图7-8 推进城镇化的措施5

⑥ 城乡均等化，增加农民收入

在医疗、教育、养老、最低生活保障等方面，采取相应的政策措施，增加农民收入，加大基本公共服务城乡之间的均等化步伐（见图7-9）。

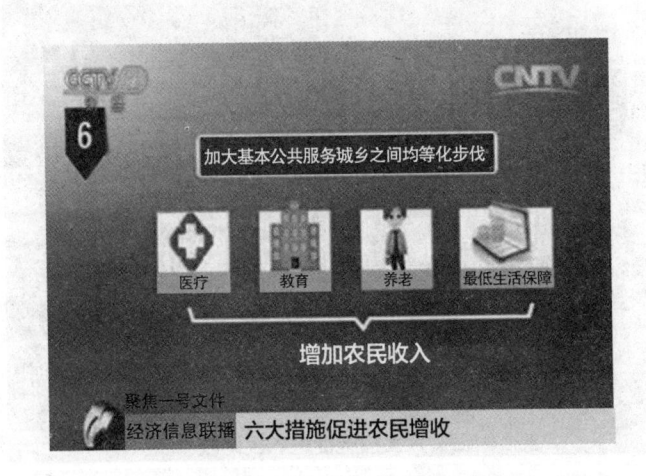

图7-9 推进城镇化的措施6

7.2.3 供给侧+工业：主动适应调整，"四化"是改革主战场

☞ **微观新政**

工业增速下降，是我国主动宏观调控的结果，也是调整产业结构、加快转变发展方式，适应国民经济增速从高速转向中高速的结果。

可以确定的是，工业同样是我国供给侧结构性改革主战场。

供给侧主要"侧"的是实体经济，其中农业、工业和制造业是主战场。

要积极培育加快发展高技术产业和战略性新兴产业，坚持加快传统产业改造优化升级，各大产业就要同时发力，紧密融合。

（1）透过经济数据看工业企业运行状况

2015年11月27日，国家统计局发布了一组最新的数据——2015年1～10月全国规模以上工业企业利润数据。

① 利润与主营业务收入大幅下滑

1～10月份，全国规模以上工业企业实现利润总额48666亿元，同比下降2%，降幅比1~9月份扩大0.3个百分点。10月份，规模以上工业企业实现利润总额5595.2亿元，同比下降4.6%，降幅比9月份扩大4.5个百分点。

全国规模以上工业企业中，1～10月份国有控股企业实现利润总额9080.6亿元，同比下降25%；集体企业实现利润总额395.3亿元，下降1.8%；股份制企业实现利润总额32698.7亿元，下降1.5%；外商及港澳台商投资企业实现利润总额12082.9亿元，增长0.3%；私营企业实现利润总额17511亿元，增长6.2%。

这组数据说明：10月以来，全国规模工业企业利润与主营业务收入

大幅下滑。原因主要包括生产和销售增长双双放缓等。

这组数据反映的问题是工业品需求不足，产能过剩，企业被动去库存。

其中，10月份工业企业主营业务收入持续两个月下降。这表明：

- 市场需求疲软；
- 价格持续下降，成本居高不下；
- 库存和应收账款持续偏高；
- 企业生产经营困难进一步加剧；

这些都制约着我国工业企业生产经营状况的改善。

从不同所有制企业的利润数据表现来看，我国国有控股企业利润同比下降远超其他所有制。

要想"标本兼治"，就必须在淘汰落后产能的同时，伴以国有经济布局调整与混改等国企改革手段。

我国整体工业企业利润增速之所以持续负增长，是因为受到制造业的影响——主要供给的产品已不能满足国内经济转型和消费升级的需要。

这正是由于需求管理不能解决供给端的结构问题，由此，中央"供给侧改革"的重要性再次体现出来！

② 2016年工业经济下行的压力还将继续加大

国家统计局数据显示：

11月25日，商务部数据显示，10月份实际使用外资金额546.8亿元人民币（折87.7亿美元），同比增长4.2%，相比于9月（7.1%）增速有所回落。

1~10月，服务业实际使用外资634.2亿美元，同比增长19.4%，在全国总量中的比重为61.2%；其中高技术服务业实际使用外资67.6亿美元，同比增长57.5%，占服务业（除房地产外）实际使用外资总量的 17.5%。制造业实际使用外资 326 亿美元，同比增长 0.2%，在全国总量中的比重为 31.4%；其中，高技术制造业实际使用外资 75.8 亿美元，同比增长 11.6%，占制造业实际使用外资总量的 23.3%。

1～10 月，来自东盟、欧盟、"一带一路"沿线国家和香港、澳门地区的投资分别增长 10.8%、13.7%、14%、12.6% 和 68.9%；来自日本、美国和台湾地区的投资分别下降 25.1%、13.6% 和 19.3%。

这组数据说明：短期内外资仍然看好我国经济发展，但是我们应该注意各项指标增速的下降趋势。如 10 月份实际利用外资金额同比增速回落。从目前来看，外商直接投资的各项指标，基本延续了前三个季度的增长趋势。

经过多角度全面分析，可以预测，2016 年我国工业经济下行的压力还将继续加大。

如今，一个国家的国民经济也包括工业经济，运行情况比过去复杂得多。

正是由于不断增加的不确定因素，我们更要摆正心态，辩证地看、全面地看——既要看到问题和困难所在，也要看到亮点，带着希望前行。

（2）带着希望前行，发力供给侧改革

面对长期积累的深层次矛盾和各种风险，以及不断增加的工业经济下行压力。

未来，工业领域应该如何激发活力，努力实现提质增效、转型升级？

工业企业面对供给侧改革和经济新常态，应该主动适应变化，在"四化"上下工夫不断进行自我调整（见表 7-4）。

表 7-4 工业企业转型升级的"四化"

工业企业转型升级的"四化"	
要点	分析
智能化	工业化和信息化深度融合的必然结果就是智能化。下一代互联网发展的主要领域是工业互联网——不仅企业应该接入工业互联网,企业生产的产品也应具备接入功能。无论是德国工业4.0还是《中国制造2025》,都指明了这一趋势。未来不能接入工业互联网的企业,就像一台没有接入互联网的电脑,算不上一个真正的现代化工厂。而"互联网+"等供给侧政策将进一步助力工业企业的智能化改造。
服务化	工业企业服务业比重上升,很大原因在于制造业的服务化。例如部分汽车生产商将变为汽车租赁商和物流服务商。在未来,部分制造商转为服务商是大势所趋。
绿色化	《中国制造2025》46次提出"绿色"要求。绿色化是全球产业界公认的发展趋势和必然要求。当绿色理念逐渐深入人心,具有天然、绿色、环保标志的产品必然更受消费者欢迎。传统行业必须向绿色化转型,而新兴行业在高端化的同时必须与绿色化同步。
高端化	供给不仅仅是为了满足需求,更可以创造新需求。高端化直接解决供需错配问题。我国居民消费升级形成更大的购买力,对高端产品的需求也将越来越大。为此,工业企业除了要注重技术上的创新,还应更加注重品牌质量。

7.2.4 供给侧+制造业:打造"中国智造"品牌

☞ **微观新政**

单纯拉动内需、进出口已经无法完全、彻底地解决问题,唯有创新才能解决发展动力不足的问题。

中国制造+"供给侧改革"成功的关键就是创新。

中国经济如何创新?

简单来说就是由"中国制造"向"中国智造"转变,这也是向企业和社会提倡和鼓励"智造",最终打造我们的"中国智造"品牌!

制造业是我国国民经济的主体，更是"立国之本、兴国之器、强国之基"。

从国内外经济发展的历史看，若没有强大的制造业，就没有国家和民族的强盛。

2015年，中国智造迎来了高速前进的发展期。

《中国制造2025》①是中国版的"工业4.0"规划——以信息化与工业化深度融合为主线，推进绿色制造、创新驱动、智能制造，借助品牌向全世界展示"中国智造"的新形象（见图7-10）。

图7-10 "中国智造"新形象官方宣传图②

中国智造，影响世界

在2015年11月刚结束不久的中国国际工业博览会上，"互联网+"、云计算、大数据等新一代信息技术、新兴技术集中亮相，呈现了中国智造的最新成果。

"中国制造2025"和"互联网+"战略为智能制造提供了关键的基

---

① 《中国制造2025》：是国务院于2015年5月8日公布的国家战略规划，是建设中国为制造强国的三个十年战略中第一个十年的行动纲领。
② 图片来源：百度图库

础设施和先进的技术，也为中国工业的转型升级提供了方向和路径。

而"大众创业、万众创新"为中国制造转型注入了新的血液。

由此，"中国智造"不仅成为世界热词，更代表着我国经济将呈现出更多的改变与创新，并以全新的姿态走向全球市场。

除此之外，中国智造的意义还在于：

- 把"制"改成了"智慧"的"智"；
- 向企业提倡鼓励一种东西，就是"智造"。

其实，"智造"是十八届五中全会提到的排在首位的创新理念之一。

为什么要创新？

根据习总书记的说法："一要奔着目标去，二要奔着问题去。"

既然我们的目标是2020年奔向小康，那么问题的关键是什么？

① 创新

创新之难在于，在这个浮躁的时代，似乎大家都不愿意创新，静不下心来，克服不了自己的惰性，抵御不了发展的惯性，所以实现创新很难。

但是，企业要有信心可以获得世界的认可，创新一定要够大胆，才能够实现超越。创新的本质是颠——先颠覆自己，再颠覆别人，走少有人走的路。

② 从"制造大国"到"智造强国"

如今，传统制造业，尤其是以原材料为基础的工业企业面临很大的困难。

包括钢铁、水泥、有色金属、电解铝制造业等企业经营困难，发展受到了制约。

在经济新常态下，中国如何从"制造大国"走向"智造强国"，打造"中国智造"品牌是我们接下来应该考虑的问题（见表7-5）。

表 7-5 打造"中国智造"品牌的关键要素

打造"中国智造"品牌的关键要素	
要点	分析
技术创新是核心	智造最重要的就是体现创新。
打"绿色制造"牌	正如在上一节中提到的,未来的品牌如果没有绿色制造是很难持续的。
运用"互联网+"模式	许多传统企业经营比较困难,但是在"互联网+"背景下也可以有所突破。传统企业,如高铁的钢轨在全世界非常有名,若能贴上恰当的品牌标签就会有更大出路。
政府提供保障	政府要加强知识产权的创造、保护、运用和管理,为制造业提供足够的公共服务,如推动建立完善的"鼓励创新、宽容失败"的文化氛围和制度环境,充分激发社会创新创业的活力。
媒体正面支持	"智造"的主体是企业,但社会若不给予肯定、鼓励和提倡,也难以形成群体效应。因此,媒体在这方面要多为社会传递正能量,让社会与企业形成良性互动。

制造业可以让一个国家变得更强大,但是要让我们的国家真正变强,就一定要转变成"智造",这样才能塑造国际竞争新优势,形成经济增长的新动力。

7.2.5 供给侧+旅游业:变革已经"在路上"

☞ 微观新政

同程[①]的CEO吴志祥认为:同程旅游应将旅游业+"供给侧改革"的重点放到产品转型升级和技术创新上面。

其中,出境游是旅游+"供给侧改革"的中坚力量。未来综合性旅游O2O企业,是供给侧改革中的最大受益者。

---

① 同程旅游:(LY.COM)是一家专业的一站式旅游预订平台。

有人说，理性分析，直面问题，回归商业本质，是真正解决问题的开始。

（1）理性分析——出境游三大机遇

① 旅游消费成刚需

PhoCusWright[①]的最新数据报告（以下简称报告）显示：

2016 年中国 GDP 总量将达 19 万亿美元（美国 18.8 万亿美元），占全球经济比重约 18%；人均 GDP 到 2015 年已达 7800 美元，2016 年将超过 9000 美元，根据国际旅游组织统计，人均 GDP 超过 5000 美元，旅游消费需求即达到体验游标准。

可见，我国经济发展迅猛，旅游作为国民重要消费形态，已经成为消费刚需。

② 出境游增长迅猛

报告显示：

大陆民众出境旅游人次 1998 年仅 843 万人次，2014 年首次破亿，2015 年出境旅游人次将达到 1.35 亿，仅 2015 年比 2014 年就同比增长了 17%。

Merrill-Lynch 研究预测亦表明，中国出境旅游到 2019 年将达 1.74 亿人次，成长 10.8 倍，中国出境游发展迅猛。

中国旅游占亚太区旅游市场比重 2015 年已提升至 32%，但与美国相比，仍差距巨大。

在过去 20 年（2004-2014）中，美国人均 GDP 已从 40000 美元提升至 55000 美元，而中国人均 GDP 则从 2004 年的 1000 美元提升至 2014 年的 6770 美元；美国人均乘机频率在过去 20 年中一直高于两次/年，而中国从未超过 0.5 次/年；中国家庭年平均旅游频次是 2.7 次，

---

① PhoCusWright：是全球旅游业的权威研究机构，通过提供独立的、权威性的、公正的研究成果，帮助旅游业决策者做出明智的、高效的决策。

相当于美国1972年的水平,美国目前已达到6.7次。

此外,中国大陆拥有护照的人数比例不足10%,世界224个国家和地区中,截至2015年12月,与中国实现真正意义上免签或落地签的国家或地区仅不足30个。

可见,我国旅游业与发达国家仍存在较大差距,但总体看,随着美英加等西方发达大国逐渐放宽对华签证政策,对我国出境游将持续利好。

③ 出境自由行成为中国年轻人的首选

英国《金融时报》网站于2015年2月4日发表了一篇题为《中国千禧一代,有钱喜爱旅行》的文章:

中国的千禧一代①占最富有人口的很大一部分,而且比例还在不断上升。据估计,出生于1984-1995年的这一年轻消费人群大约有3亿人,他们是在相对繁荣和稳定的社会背景下长大的人口,也是国家教育开支在过去10年中增加大约4倍的受益者,其中约1/4上过大学或接受过其他形式的高等教育。

一个突出的趋势是:越来越多的中国年轻人(如80后90后)在出境游上肯花更多的钱——他们一般每年出国四次,是亚洲其他国家同龄人的两倍,他们也越来越愿意去更远的国家。

(2)直面问题——出境游三大痛点

出境游风口让旅游业为之一振,由消费升级带来的行业机遇有目共睹。

然而,机遇中并非没有陷阱,盲目变革的背后,是更为痛苦的挣扎和难熬的寒冬(见表7-6)。

---

① 千禧一代:国外有一个专门的术语"千禧一代",指1984-1995年出生的人,也就是我们所谓的80后90后。

表 7-6 出境游的"三大痛点"

出境游的"三大痛点"	
痛点	分析
线上化程度低提升缓慢、渗透率低	根据艾瑞咨询公布的监测数据统计：目前中国在线旅游渗透率10%左右，而亚太区达19%，美国45%，欧洲平均47%，在国家"'互联网+'旅游"政策的推动下，中国的出境游市场潜力巨大。2014年中国在线旅游市场交易规模达3077.9亿元，在线渗透率达9.2%，但相较上一年渗透率仅增长1.7个百分点。在线旅游的互联网渗透率增速，远低于互联网网民平均增速。目前痛点是线上化程度低、整合难度大、成本高。
产品同质化严重投入产出比低用户获取成本高	旅游 App 同质化现象严重，导致用户获取成本越来越高。应用分析商 Adjust 的报告对依然存在、但消费者实质上已经无法看到的应用做了统计，并将其称为"僵尸应用（Zombie Apps）"。报告显示：App Store 中僵尸化的应用从去年一月的74%增长到了83%，旅游类 App 的僵尸率高达80%。而根据 CNNIC 报告，在线旅游度假产品预订用户信息获取渠道排名靠前的依然是性价比较低的搜索引擎，广告转换率不足2%。
整合碎片化资源成本高、难度大	众多出境游产品及服务提供商亟须解决的问题，是对海外符合消费者需求的吃喝玩乐产品的碎片化资源整合。在国内，美团、大众点评团队模式提供了较好的范本。但目前，尚无可能将这种模式复制到海外。

（3）回归商业本质——出境游+供给侧改革是转型之道

2015年12月11日，在厦门举办的"2016'互联网+'旅游高峰论坛"上，驴妈妈母公司景域集团董事长洪清华提到"供给侧改革给旅游业带来巨大红利"。

旅游业+供给侧改革和提升的关键点在于：
- 行业集中度提升；
- 供应链效率提高；
- 碎片化资源整合；
- 产品和服务体系的完善及提升。

我国旅游业面临的主要问题，并不在短期需求，而在中长期有效、能满足主流消费人群的需求供给，出境游也不例外。

随着"供给侧改革"成为屡屡被提及的热词，许多旅游界的大佬们纷纷站在自己的立场，提出了各自犀利的观点和转型建议供我们参考。

① "产品开发要注重多元化出游需求"（阿里旅行副总裁蔡永元）

阿里旅行虽然是旅游业的"新人"，但却走在了创新的前列。对于旅游业+"供给侧改革"，阿里旅行副总裁蔡永元认为：

与 OTA^① 不同，我们不采购旅游产品，不提供线下旅游服务，提供平台，这样的好处是可以让消费者与产品提供者直接对接，消费者不必在中间转来转去，但是困难在于商家太多，品质没办法保证。阿里旅行现在严格筛选商家，力争把好产品、好服务吸引到平台上来。我们发现，随着青年一代的成长和收入的提高，人们出游更加注重品质和旅行体验，所有旅游企业都应认识到这个变化，旅游产品的开发和设计应更加注重人们多元化的出行需求，比如出境游线路，很多年都没有改变，一些线路的特色都讲述不清晰，这是旅行社向线上转移需要注重的一点。

② 通过互联网思维和技术，提升旅游体验（驴妈妈旅游网创始人洪清华）

驴妈妈旅游网创立于 2008 年，是中国的新型 B2C 旅游电子商务网站，中国的自助游产品预订及资讯服务平台。创始人洪清华认为："在旅游度假领域，人们的旅游体验最差，因此也是供给侧改革的红利最大的领域。在供给侧改革具体操作路径上，驴妈妈要往线下走，线下部分也是供给侧改革的部分。未来景域文化将继续深耕布局目的地资源端、互联网渠道端以及双边服务市场形成'金三角'，成为国内唯一旅游O2O 产业链生态圈企业。针对旅游体验经济的本质内涵，驴妈妈旅游网通过互联网思维和技术，提升游客预订及旅游体验。与此同时，驴妈妈

---

① OTA：(Online Travel Agent)是指在线旅行社，是旅游电子商务行业的专业词汇。

旅游网目前正积极建设线下子公司和门店网络，以更好满足旅游的服务经济特性。OTA在线旅游预订的结束仅仅是旅游的开始，2016年驴妈妈在全国将有100家子公司，合作方均为当地排名前三的旅行社。从线上预订延伸至线下服务，让游客真正体验到好的产品、好的服务。"

③ "服务""口碑"两手抓（同程旅游创始人吴志祥）

近年来，同程旅游曾靠"一元钱游景区"模式杀出了一条"生存血路"。其创始人吴志祥认为："2016年成为同程旅游的出境旅游年，重点发力休闲游的'非标品'（除酒店、机票等标准化产品外的旅游产品）——出境游市场，在每个出境目的地均会推出性价比较高的品质游产品，满足游客的出游品质需求。同程旅游这一做法也正是顺应了旅游业＋供给侧改革的方向。同程旅游将'服务＋口碑'作为2016年的重点战略，运用大数据、CRM技术，建立起了完善的渠道和城市营销，完善线上OTA和线下旅行社融合的O2O闭环，也给游客提供更为精准、贴心的服务。随着国民旅游需求从观光到休闲的转变，休闲旅游的产品升级及丰富度决定了是否能够让游客从移动观光转移到休闲停留，是否能够更好满足不断升级的休闲旅游质量需求，技术创新也是旅游行业进行供给侧改革的重要内容。OTA天然具有的'互联网＋'属性，通过将互联网技术应用于更多的旅游消费场景，如支付方式、虚拟现实等技术的应用，旅游和其他产业（如医疗、教育、文化、娱乐）的跨界融合，能够将游客的旅游体验得到极大地延展和深化。"

从上述旅游业界大佬们的观点中不难看出，旅游业变革已经"在路上"，"供给侧改革"来得正当其时。

正如吴志祥所说："随着国民旅游需求的转型，供给的'产品'却相对满足不了消费者的需求，旅游投诉屡见不鲜，侧面反映出产品供给和需求品质之间的落差。因此，旅游'供给侧改革'正当其时。"

事实证明，在"供给侧改革"的浪潮中，旅游业的企业人已经不甘人后地走在变革的路上，积极投身行业改革！

7.2.6 供给侧＋零售业：马桶盖、洋奶粉，海淘如何不再殇

☞ **微观新政**

如今，"供给侧改革"正成为高频词。

前不久，我国政府领导密集发声："在适度扩大总需求的同时，着力加强供给侧结构性改革"、"要更加注重供给侧管理"、"让供给侧实现颠覆性创新"。

为何"供给侧改革"屡被提及？

我们或许可从国人海淘的角度，对零售业＋"供给侧改革"进行初步解读。

消费者热衷海外购，原因不外乎以下几点：
- 现在国内供给端提供的商品，没有完全满足需求；
- 经济发展了，生活改善了，消费需求从以前的"吃得饱、穿得暖"，转变为"吃得饱还要吃得好，穿得暖还要穿得美"。

既然市场需要更高质量的产品，就必须形成高水平的有效供给。

而"供给侧"的改革，就是要对"供给短缺"的行业产业扩大有效供给，对"供给过剩"的行业产业去库存。

从这一角度来看零售业，"供给侧改革"对满足人们升级、多样、个性、提质的消费需求，确实具有更强的针对性。

从"海淘热"看"供给侧改革"

海淘，即海外或境外购物，就是通过互联网检索海外商品信息，并通过电子订购单发出购物请求，然后填上私人信用卡号码，由海外购物网站通过国际快递发货，或是由转运公司代收货物再转寄回国。

以下是由网易旗下第三方购物软件惠惠购物助手发布的2015年我

国国民海淘报告——《2015 国民海淘年终大盘点》①（见图 7-11）。

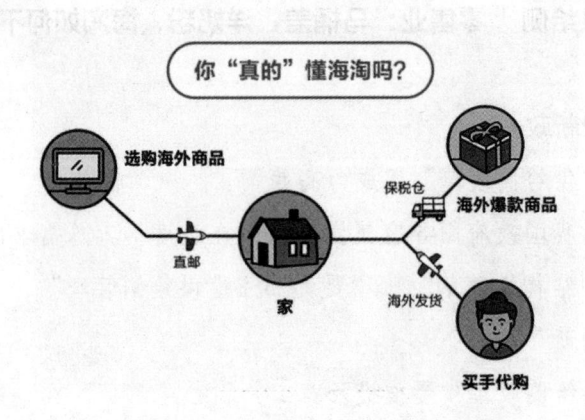

图 7-11 2015 国民海淘年终大盘点 1②

目前国内海淘市场呈现出三种模式鼎力的局面，即：以亚马逊、惠惠购物助手为代表的海外直邮模式，以天猫国际、京东全球购为代表的保税仓模式，以洋码头、美丽说 higo 为代表的买手代购模式，简而言之，就是真海淘、快海淘和代海淘。三种模式互有利弊互为补充，从不同的需求层面满足海淘消费者（见图 7-12）。

据惠惠购物助手 2015 海淘报告数据显示：

服装鞋帽仍是国内消费者海淘购买的重点品类，占比高达 52.4%，而位居第二第三位的个护健康和户外运动，占比仅有 6.0% 和 4.9%（见图 7-13）。尤其是一些国内外价格差别巨大的服装品牌，成为国人海淘的最爱，例如户外运动品牌 Columbia、休闲服装品牌 Tommy Hilfiger 等，成为订单量最大的海淘品牌前六。此外 LAMY 钢笔、CITIZEN、Q&Q、天美时等品牌受到海淘男性用户的热衷（见图 7-14）。

---

① 数据来源：网易旗下第三方购物软件惠惠购物助手
② 图片 7-11、7-12、7-13、7-14、7-15、7-16、7-17、7-18、7-19 来源：网易旗下第三方购物软件惠惠购物助手

图 7-12　2015 国民海淘年终大盘点 2

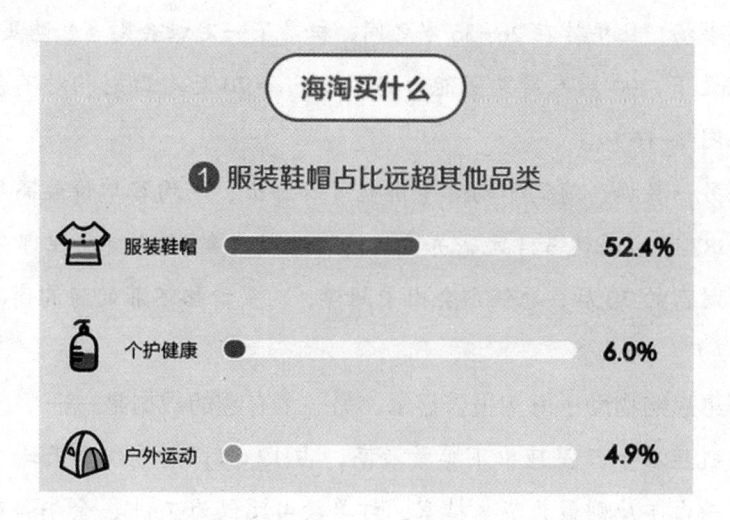

图 7-13　2015 国民海淘年终大盘点 3

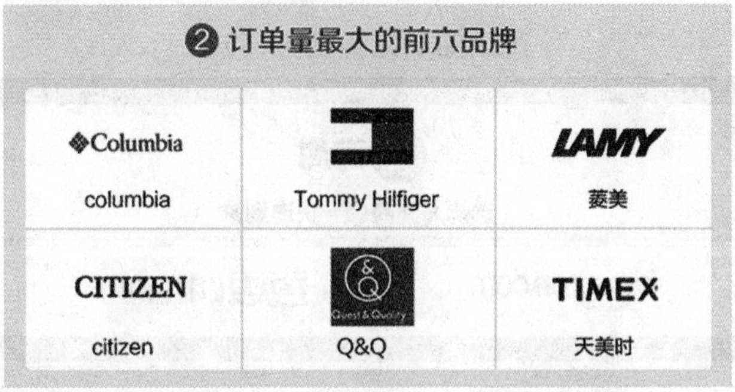
❷ 订单量最大的前六品牌
Columbia
columbia
Tommy Hilfiger
LAMY
菱美
CITIZEN
citizen
Q&Q
Quest & Quality
Q&Q
TIMEX
天美时

图 7-14　2015 国民海淘年终大盘点 4

与传统网购人群以女性为主不同，此报告数据呈现的则是：

男性在海淘人群占比远高于女性，超过七成（见图 7-15）。而在年龄构成上，80 后人群无疑是海淘购买力最强的人群，其订单数占比高达 59.0%，紧随其后的是 90 后人群和 70 后人群，分别为 23.0% 和 14.4%。与之对应的原因则是，80 后一代成长于改革开放之后，勇于接受新鲜事物，且年龄在 26-35 岁之间，积累了一定社会财富、购买力强。而相比之下，90 后人群购买能力尚不足，而 70 后人群则相对不舍得花钱（见图 7-16）。

从另一数据，海淘平均客单价也可以看出，平均客单价最高年龄用户为 1987 年，高达 524 元，并向 90 后 70 后年龄段递减。但部分积累了相当财富的 70 后，也偶尔会出手阔绰，购买价格不菲的海淘商品（见图 7-17）。

据惠惠购物助手海淘报告显示，另一个有趣的数据是——

水瓶座在十二星座中下单量最高，占 12.0%，射手组和天蝎座紧随其后，而白羊座则最为节省持家，订单数占比仅为 7.1%，金牛和双子订单数占比也不超过 8%（见图 7-18）。

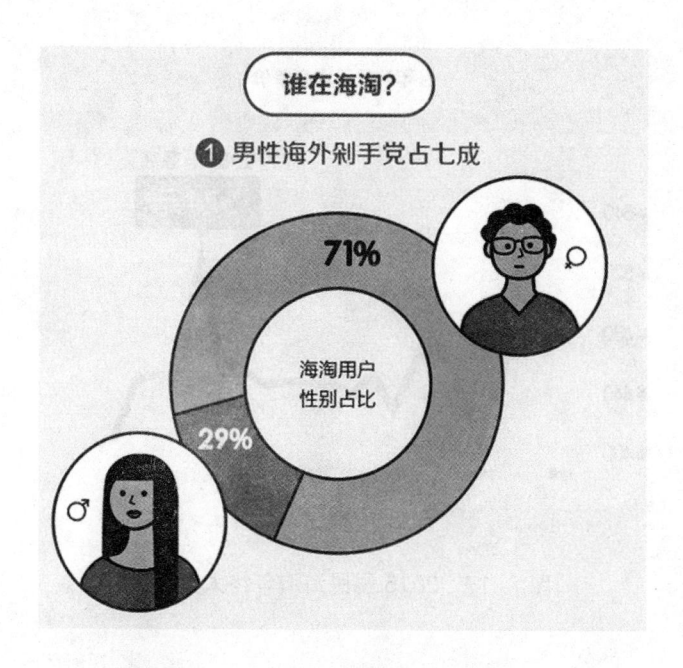

图 7-15　2015 国民海淘年终大盘点 5

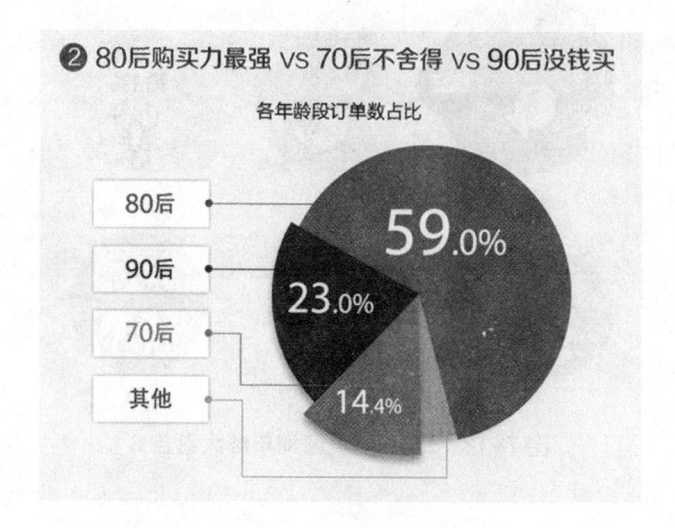

图 7-16　2015 国民海淘年终大盘点 6

各年龄段平均客单价

1987年最高 524元

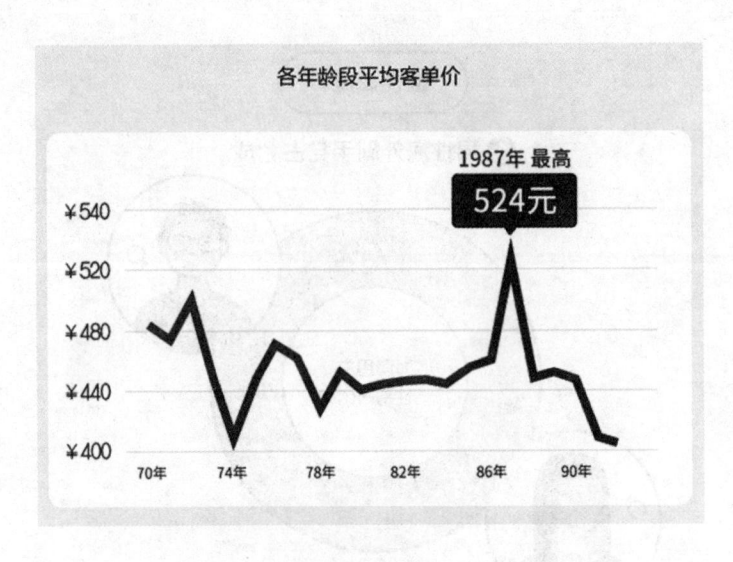

图7-17　2015国民海淘年终大盘点7

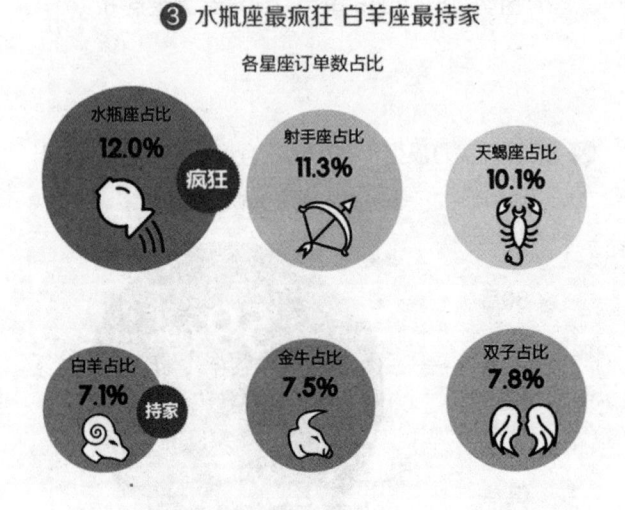

❸ 水瓶座最疯狂 白羊座最持家

各星座订单数占比

水瓶座占比 12.0% 疯狂
射手座占比 11.3%
天蝎座占比 10.1%
白羊占比 7.1% 持家
金牛占比 7.5%
双子占比 7.8%

图7-18　2015国民海淘年终大盘点8

北上广苏浙等经济发达地区，人均可支配收入高，物流便利且更易接受新鲜事物，因此海淘用户占比也相对较高。从全国整体海淘用户占比来看，依次从沿海经济发达地区向中部、西部递减，基本与经济发展水平走势一致。

其中北京、广东、上海居前三，海淘用户占比达15.5%、13.5%、9.9%，江苏和浙江居其后。而数据显示，经济相对欠发达的广西、新疆、黑龙江却在平均客单价位列前三，或许与订单数有关（见图7-19）。

图7-19 2015国民海淘年终大盘点9

国内传统电商格局发展已相当成熟，但海淘市场却方兴未艾。无论是直邮模式的"真海淘"，保税仓模式的"快海淘"，还是商品更为丰富的"代海淘"，目前都有特定人群和市场，一家独大的现象还未出现。天猫国际、亚马逊海外购、洋码头、蜜芽、小红书等跨境电商也正角力海淘市场。

近年来，海外旅游人数高速增长，与出境游相伴的就是"海淘"——这也是近年来，我国零售业中，消费者购物模式最显著的变化。

这些说明了什么？我们该如何看待这种新兴的消费趋势和变化？

① 供求失衡、产需错配

我国知名管理学博士、经济学教授彭迪云解释说："说明供求失衡、产需错配，即中低端消费品产能过剩、卖不动，而高端消费品又造不出、造不好，使得国内省内消费者只好到海外扫货'囧境'。为此，我们必须抓紧驶入供给侧结构性改革的'快车道'，着力加强结构性改革，着力推进转型升级，实现更高水平的供需平衡，进一步提高老百姓的'获得感'和幸福指数。"

② "剁手党"口中的"真相"

许多从国外回来的"剁手"道出了海淘的"真相"："我们看中的是人家的质量和微笑服务。"

中国人民银行货币政策委员会咨询专家，江西省社会科学院经济所所长麻智辉解释说："这种现象是正常的，随着中国经济总量跃居世界第二位，人民生活水平不断提高，国家正在从中等收入国家向高收入国家迈进，在这种情况下，整个的消费需求出现跃升的状态；在这一过程中，生产没有及时跟上去，出现消费需求断层，特别是前几年主要依赖住房和汽车消费，现在汽车消费和住房消费达到饱和以后，整个消费出现断层。"

在这样的背景下，国家及时提出"供给侧改革"，从供给的角度促进了经济整体发展，也使我们的消费品"改朝换代"，让高端的供应逐渐发展起来。这也是未来发展的大方向，虽然有个漫长的过程，但经过政府部门和企业人共同努力，必定能实现买优质产品不必再"海淘"的目标！

7.2.7 供给侧＋服务业："互联网＋"时代的法治中国

☞ **微观新政**

供给侧改革对服务业的影响与渗透同样深入，尤其在法律方面。

改革开放以来，法治中国建设成果显著。具体表现在司法机构、执法队伍和立法数量的建设上。

但是，普通民众有时依然会觉得法律公正难以保证，哪怕只是一件小小的侵权或维权案件。

当然，原因是多方面的，如普通民众的法律意识、法治观念，以及熟人之间的人情等客观因素；主观因素如立法质量的问题、执法队伍层面存在司法腐败的问题、司法机构之间存在强配合弱监督的问题等等。

这些问题的存在，使我们在聚焦供给侧改革的同时，更期待借力改革，走出一条法治中国之路——尽管这味药未必完全对症，而这条路势必充满艰辛！

供给侧改革理论让人眼前一亮的同时，我们也不禁思考，这个理论或许也可以用在法治中国的建设上。

我们在立法、司法机构、法制宣传、执法队伍上的投入固然很重要，这是国家治理层面的法制建设供给侧。在经济领域相当于基础设施、重大工程、外向型经济，

但普通民众对法律的信仰，更多来自其亲身感受的法律公正性，而非宏大叙事或高楼大厦式的庄严，他们更注重中国的法律服务能否细致入微，彰显公义。

（1）法治中国的改革要点

面向政府、社会组织、企业，尤其是普通民众的供给侧改革，恰是

以改革开放三十多年来法律基础设施取得一定成果为基础的，法治中国建设的改革要点——这是由供给侧改革的属性决定的（见图7-20）。

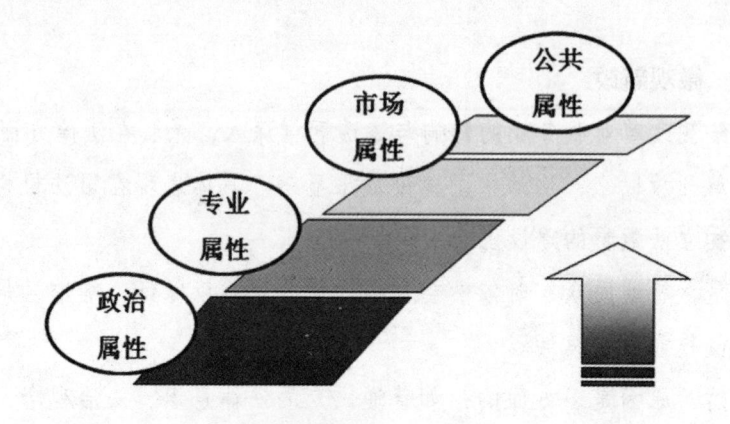

图 7-20　供给侧改革的 4 个属性

① 政治属性

法治中国的供给侧改革，必须以人民为主体，维护法律和宪法的实施：

- 维护改革开放成果；
- 维护宪法和法律赋予公民的各项权利；
- 完整有效落实党的十八大三中、四中全会各项改革措施。

② 专业属性

法治中国的供给侧改革，必须遵循法律、法治、司法和法律服务的规律和属性。

- 该监督的不能协助；
- 该居中的不能偏斜；
- 该明确的不能含糊；
- 诉辩审必须来真的。

③ 市场属性

法治中国的供给侧改革，必须遵循市场规律。

法律服务的提供者——促进律师、公证员、司法鉴定机构等委托人的优胜劣汰。

④ 公共属性

抛弃穷人的法律服务是可耻的。

国家的社会福利应包含为弱势群体提供法律援助：

- 每一个刑事犯罪嫌疑人和被告人，都有称职的刑辩律师辩护；
- 公民的每一个诉讼，都应在公平正义的法庭审理或代理。

——这是法治文明赋予每个人的基本权利，而无关于个人财富的多少。

（2）"互联网+"带来的机遇

"互联网+"给我们带来新的机遇。"供给侧+'互联网+'法律"是2016年及未来法律界的热点之一。

在这个时代，人类的生产、生活从未如此高度依存——你中有我，我中有你。非此即彼、鱼死网破的对立思维正在被打破。

未来，我们无法闭关锁国，传统业态将无可避免地被"互联网+"或"+互联网"，由此带来的机遇和红利也应当体现在法治中国建设的供给侧改革之中。

说到底，法律服务是知识服务、专业服务、个性服务。

互联网固然无法取代上述法律服务，但依托互联网知识管理系统，借助互联网平台，通过大数据、云计算功能，传统法律服务做不到的事情，将会在互联网时代成为现实。

我们有理由相信，过去艰难的维权过程将会因互联网时代法治中国的供给侧改革，以及法治中国建设的进程推进而变得美好起来！

第8章 拥抱未来：警报尚未解除，这是又一次与危机赛跑的制度重构

8.1 永远与危机赛跑：改革有风险，动荡依旧在

8.1.1 成本：矫枉才能及正，猛药才能去疴

☞ **微观新政**

知己知彼，百战不殆。

在全球金融危机继续深化、量化宽松无以复加、国内产能过剩严重、社会杠杆率居高不下的大背景下，本轮供给侧改革面临着复杂的国内外环境。

认清改革需要支付的成本，是改革顺利推进的前提条件。

改革也是有成本的。

换言之，任何改革都存在一定风险。

即便实施了供给侧改革，也不代表经济危机的警报就会解除，这是一次与危机赛跑的制度重构，更是一场持久战。

为此，我们应该对改革的"成本"有清晰的认识。

危机意识：没有不计代价的改革，它也是有成本的

① 调整频繁，痛苦加深

目前来看，供给侧改革要解决的核心问题是：

- 在通货紧缩[①]背景下,债务与过剩产能的转换导致货币政策失灵;
- 帮助企业解决资金短缺、盈利难题,提高企业行业集中度;
- 通过政府支持和市场调节机制,进行结构特性改革。

除了解决上述主要问题,若是产能削减规模过大,也会影响社会经济的稳定。

在本书开篇我们提到了政府"四万亿"刺激计划,遭遇欧美各国政府"削减福利、整固财政"的需求削减、再工业化及贸易保护政策时,国内产能过剩问题的严重性迅速凸显。

以钢铁产业为例:2014年底,我国粗钢产量82269.8万吨,占全球粗钢总产量的49.5%,过剩产能高达1.3~1.5亿吨。

如此大规模比例的产能削减,对社会稳定、地方财政、国内就业的影响过大。

比如银行因此受到拖累,企业负债比例过高,导致企业恶化了经济的通货紧缩状况。这样一来,企业的经营压力只会越来越大,表现为资产缩水、债务增加,最终导致我国总体经济的负债率持续上升。因此,我们在适当调控的同时,应该坚持适度调整的原则,以免过犹不及。

② 周期拉长,成效滞后

里根的改革,始于1980年,但直到1983年才显现出对经济的推动作用。时间滞后长达3年之久。

可见,改革具有较长的时间滞后性,我们无法确保改革成效立竿见影。

本轮改革的背景与我国1998~2002年的经济困境比较相似——因固定资产投资及信贷的无序扩张,引发长时间去杠杆过程和投资回报率

[①] 通货紧缩:deflation,当市场上流通货币减少,人民的货币所得减少,购买力下降,影响物价至下跌,造成通货紧缩。

持续下降；2007年亚洲金融危机，由外部需求环境的动荡带来的人民币汇率不贬值的承诺，使国内经济的恶化加剧。我国政府，一方面积极推动结构性改革，一方面采取逆周期的宏观政策，在需求端对抗通缩。但要想真正走出通缩周期，则还需更长的时间。

从历史上看，解决产能过剩导致的清理社会不良信用、产能债务重组、债务积累、信用扩张及破产等问题，通常是周期显现较慢，成效时滞较长，需要改革者有足够的定力和决心。

③ 集权形态、威权推动

供给侧改革的实质，是自由竞争向垄断竞争过渡，借机抢占全球市场份额，反哺国内，夯实资产泡沫。

通过过剩产能出清[1]，推动企业兼并重组，形成实质性的行业卡特尔同业联盟[2]；提高其对产品价格和资本回报率的影响力，引导资金回归实体。

与此同时我们不得不算这样一笔账：效率的提升，行业明星的诞生，一旦过度就势必导致原有产业就业岗位减少、失业率上升。

民众生活艰难、社会失业率上升。人民对现实生活的不满及危机下制度效用的收敛，易造成大结构调整的难度，社会共识的断层。

非常之时，需非常手段。

萨缪尔·亨廷顿[3]认为："权威的确立先于对权威的限制。人类可以无自由而有秩序，但不能无秩序而有自由。"

政府的措施与应对策略，需更加谨慎且强而有力。

---

[1] 出清：当价格确实能使需求等于供给，以至于任何人可以在那个价格上买到他所要买的东西，或者卖掉他所要卖的东西，这时，市场就是出清的。市场出清意味着供求均衡。

[2] 卡特尔同业联盟：是指由供应商联合起来形成的非正式组织，这个组织的目的是保持产品和服务的高价位，或者通过保持短缺状态来控制市场。

[3] 萨缪尔·亨廷顿（Huntington·Samuel·P 1927—2008年）美国当代政治学家，因主张《文明冲突论》而闻名于世。

④利益重分，打破格局

供给侧改革推动过剩产能出清、加速债务重组。核心是打破"地方诸侯经济"，清理裙带资本，重构市场制度和秩序（见表8-1）。

表8-1 解构产能出清与债务重组

解构产能出清与债务重组	
目的和方向	分析
产能出清	组建国内跨国集团企业，通过产能和资本输出获取超额资本收益，占领全球市场份额。目前，我国的过剩产能所在产业主要集中在"四万亿计划"之后的地方投资。本轮供给侧改革面临的首要难题之一便是彼此利益如何协调、由谁牵头重组。
债务重组	制定相关法规、完善偿债主体、量化债务指标、提高债务透明度，以市场机制和法律的双重约束来控制债务总量。重构市场秩序、核心是构建地方债务，形成刚性市场约束机制。通过资产证券化等方式来化解债务危机。

总之，供给侧改革能否有序推进，核心在于能否有效针对当前市场经济格局进行破局，重新梳理并重分现有利益，这也意味着未来我们要在灵魂深处动手术刀！

8.1.2 风险：改革进程会被这四大问题影响吗

☞ 微观新政

当前的过剩产能，加剧了全球范围内的产能过剩，并形成了实体经济的通缩。危机后，爆发危机的诱因若没有实质性的消灭，日后就极有可能引发新一轮的危机。本节提到的四大问题将有可能影响未来改革进程。提前防范总不会错。

在通缩向通胀演变的最后关口，必须力推供给侧改革：引导过剩产能结构调整和供给侧减量；恢复企业盈利能力；实现转型再平衡；解决因货币传导机制阻滞，引发的资产泡沫问题；夯实国内资产硬度，引导经济软着陆。这也是解决问题的唯一突破口。

只不过，在转机尚未到来之前，若没有搞清楚以下问题，改革进程或许就会因此受到影响（见图8-1）。

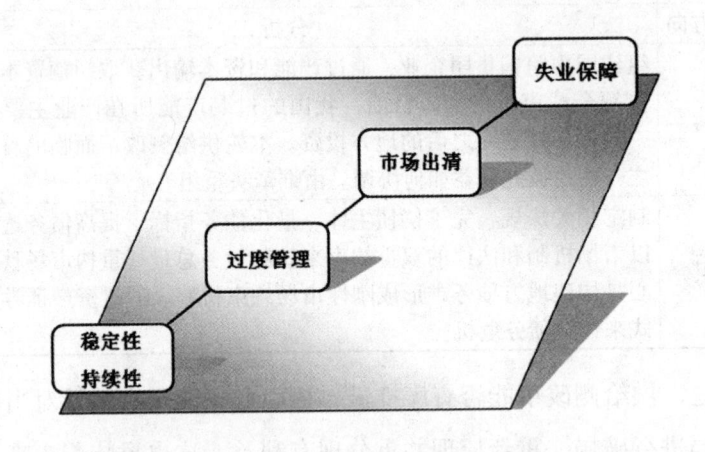

图8-1 可能会影响改革进程的四大问题

① 失业保障

在 1998～2002 年期间，我国政府进行了一次结构性改革，通过推动国有企业关闭重组、扩大私有企业准入、管制放松、减员增效，使经济增长的潜力大大提升。

虽然国有企业数量下降约 4 万家，但与此同时员工数量下降高达三千万。

这意味着有三千万人失业。

因此，我们在去除国内阻碍劳动力迁移制度壁垒的同时，还要大力发展国内服务业，加强现有的社会保障体。在企业重组的同时，创造新就业岗位，为底层民众兜底构建就业网络。具体措施还包括：

- 成立再就业中心等机构；
- 解决失业员工的生活保障难题；
- 建设安置职工下岗的社会安全网；
- 实行城镇职工养老和医疗保险制度；
- 加大社会治安治理力度；
- 降低社会痛苦指数、舒缓社会整体张力。

② 市场出清

供给侧改革的核心是降低企业的制度性交易成本，包括：

- 各种税费成本；
- 融资成本；
- 社会保障成本；
- 交易成本等。

从而改善供给结构，提高供给质量与效率，增强企业创新能力，最终提高全要素生产率。

其中，要着重解决就业平衡、团队管理问题，产能出清、债务重组问题，重组后企业内部股权比例及组成问题等等。

③ 过度管理

鉴于产能出清、债务重组的企业与地方政府紧密相连，为了避免权力主导现象，需防止政府的"过度管理"。

如今，过剩产能的重灾区以重、化工产业为主。

一旦实施产能出清及债务重组，就会影响地方政府就业、税收及GDP的稳定性。同时梳理对地方国企的资产及债务，对其进行透明化和刚性约束，会直接影响地方政府的既得利益和未来利益，因此要避免政府亲疏远近的选择倾向和"过度管理"。

④ 稳定性和持续性

我国经济既面临国内品质型产品市场产能空缺、需求旺盛、消费外流的市场机会；又面临产能出清、债务重组的问题。既面临在新增长中，依托互联网、信息等技术及国内品质型产品市场需求空缺，引导企业在产业价值链上的快速上移，利用良好的市场契机，填补国内市场空缺，打造新增长，指引企业发展；又面临在旧产能中，提高企业对行业产品价格及资本回报率的影响力，通过推动兼并重组，形成实质性的行业卡特尔联盟，借机抢占全球市场份额，反哺国内，全面复苏经济。

由于政府各部门在旧产能与新市场、旧复苏与新增长之间的利益各不相同，政府必须分别对待，保持改革政策的稳定性和持续性，加强政府各部门间的政策协调性，避免出现制写某些政策对原有国内经济运行机制的干扰。

8.1.3 辩证：可能令改革偏离轨道的八组关系

☞ **微观新政**

结构性转型与系统性改革是一项风险极高的大工程。

改革所要付出的成本，往往会成为未来发展的困境。

尤其是改革所需要的时间成本，常常在改革的硕果尚未显山露水之时，那些所谓的政策、手段就成了改革的"牺牲品"。

为此，我们必须以史为鉴，防范可能令改革偏离轨道的八组关系。

改革的历史经验告诉我们，改革的同时，必须要考虑过渡时期的成本，包括改革的节奏与力度，博弈与关系，承受底线与转型速度等等。

就本次供给侧改革而言，在推进的过程中，必须在"新"、"旧"之间做好承接与转换、切换与过渡，平衡此消彼长的关系，以及以下不容小觑的八组关系。

在本轮供给侧改革的过程中，有八组关系必须以审慎而又辩证的态度去掌握与把控（见表 8-2）。

表 8-2　需要把控的八组关系

需要把控的八组关系	
关系	分析
新成本 VS 旧地租	结构调整、产业升级，必然会涉及国民经济重大成本结构的调整。其中最重要的是土地成本。要调成本，必须从地租着手。众所周知，在我国，房产始终是资产之王，要抑制资产泡沫，必须从房地产价格下手。 而推动城镇化，需要房地产价格回归到理性，减少贫富差距。 因此，要拿捏好尺度和节奏，才能完成新成本与旧地租之间的切换。
新动力 VS 旧激励	对政府而言，供给侧改革最关键的是扩支减税与简政放权，实质上是强调市场的自我创新和自我升级能力。新的动力应该来自于人力资源不受地和公共福利的限制、来自于要素自由的配置与流动、来自于自由的选择与竞争、来自于市场的创造与发挥。 面对新的动力和旧激励体系，要逐步交班，不可急于求成。
新观念 VS 旧惯性	供给侧改革的成果之一将是有新的业态、新的模式、新的技术、新的组织逐渐登上经济生活的舞台，但是它势必将带来旧业态、旧模式、旧技术、旧组织的崩溃、瓦解。 而新经济产生的新元素与观念，往往会受到旧惯性的制约。 例如，对于网络购物、打车、互联网金融等新的业态，无论是传统行业的利益，还是公共监管责任，都表现出极强的不适应性，我们的社会在其迅猛发展的同时，整体表现出了极强的反弹。如何在新观念中形有效性识别与监管，是降低转型风险的关键要素。
新增长 VS 旧产业	新的增长还未成型，就过度投入、过度扶持，难免会形成新的泡沫。如何在拿捏好扶持的力度、获取预期投入效果的同时，确保发展质量、成长速度，是改革者需要平衡的重要关系之一。 新增长和旧产业之间以什么样的方式、节奏有效协调，这是摆在改革者面前的重要一课。

(续表)

需要把控的八组关系	
关系	分析
新分配 VS 旧利益	供给侧改革的过程中必然涉及税制调整，结果也必然是一次财富的重新分配。全球需求不足、经济下滑的主要原因之一就是贫富差距的不断加大。本次中国的税制改革，则是从间接税向直接税的一次转型。从目前正在进行的增值税改革来看，中央和地方之间的老比例、行业之间的不均衡是各方动力不足的重要原因。而寻求最广泛共识度的认可、最大公约数的支持，则是改革能否推行之关键。
新市场 VS 旧监管	供给侧改革的要义是让市场配置资源发挥决定性作用。要与市场的创新、深化配套的是监管制度的完善、监管能力的提升。否则，市场在创新的过程中就可能出现异化。倘若监管跟不上，改革的系统性风险就会更大。就会给改革带来不必要的阻碍。
新分工 VS 旧地缘	经过三十年的学习和模仿，要素成本上升、后发劣势显现，传统行业效率提升已至极限。金融危机过后，受制于老龄化的桎梏全球需求羸弱甚至趋于收缩，工业化扩大再生产的边际收益基本趋于零。我国已无法继续搭乘新技术周期的快车，必须提高自主创新和研发能力，提高全要素生产率。 引导企业在产业价值链上的快速上移，依托新技术储备和品质型产品来填补市场需求空缺，借机抢占全球市场份额，是供给侧改革的不二选择。
新主体 VS 旧格局	供给侧改革将培育出新一轮的市场主体。而新主体的发育则是依靠自身效率竞争取代旧格局中的要素。在垄断行业，打破非充分竞争领域的格局，将是新主体创新、新效率诞生的最主要战场。而私有化，未必就是最好的选择。从逻辑上来说，国有企业的改革是对国有资产的保值增值、全体国民资产的一次再分配。国企改革的公平、公开、事关改革的正当性与合法性。 针对格局僵化的领域，如何进行一场以效率优先、制度创新为目的的设计，是本次供给侧改革的最大挑战。

随着美国再工业化战略的推进，我国经济在全球产业链上的攀升，全球化经济贸易、治理体系格局的大幕已经拉开。

压力、困境、问题及全球道义责任的缺失，使地缘竞争中的很多玩家将危机成本肆意转嫁，导致全球化治理体系集团化、区域化和破碎化。因此，我国供给侧改革面临的国际挑战依然在加剧。

8.1.4 清单:来自制度重构的顶层设计

☞ **微观新政**

十八届三中全会提出了本轮改革的总体目标和领域部署:

总目标是完善和发展中国特色社会主义制度,推进国家治理体系和治理能力现代化;改革重点是经济体制改革,核心问题是处理好政府和市场的关系,使市场在资源配置中起决定性作用和更好发挥政府作用;改革领域包括政治体制、文化体制、社会体制和生态文明体制以及党的建设制度。

为了实现这些目标,我们有必要列一个清单——来自制度重构的顶层设计。

十八届五中全会细化了三中全会的目标和部署,审议通过了《中共中央关于制定国民经济和社会发展第十三个五年规划的建议》,简称"十三五"规划。

重新设计解决结构性问题

"十三五规划"提出了新的目标要求:

经济保持中高速增长,在提高发展平衡性、包容性、可持续性的基础上,到2020年国内生产总值和城乡居民人均收入比2010年翻一番,产业迈向中高端水平,消费对经济增长贡献明显加大,户籍人口城镇化率加快提高。农业现代化取得明显进展,人民生活水平和质量普遍提高,我国现行标准下农村贫困人口实现脱贫,贫困县全部摘帽,解决区域性整体贫困。国民素质和社会文明程度显著提高。生态环境质量总体改善。各方面制度更加成熟更加定型,国家治理体系和治理能力现代化取得重大进展。

创新、协调、绿色、开放、共享,是"十三五"期间要树立并切实贯彻的发展理念。

要实现这些目标，我们有必要重新设计，从以下几个方面彻底改善我国经济存在的结构性问题。

① 问题一——国际分工转移、全球红利终结

随着国内外技术代差的抹平及各项要素成本的上升，我国各项产能提升已至极限。

在上一轮国际分工背景下，中国迅速扩大市场边界，加入全球分工体系，引爆全球化红利。而随着各项要素成本的逐渐上升，国内外技术差距逐渐缩小。先前复制（学习）+粘贴（模仿）的空间逐步消失，"曾经的果实"被基本摘光，这预示着支撑我国完成跨越式发展的全球化红利彻底终结。

如今，我们蓦然发现，自己已经走在新兴技术前沿，可供模仿、低成本学习的知识和技术已经寥寥无几。同时，由于长期享用学习和模仿带来的优势，我们的基础理论、研究，投入严重不足，加之人力资本积累不足，创新能力差，短时间内无法引领新技术周期。曾经的后发优势也可能因此成为后发劣势，经济难以进一步增长。

② 问题二——有效市场缺失、全球老龄化

世界主要经济体 65 岁以上老人比例快速上升，发达国家老龄化程度日盛。

穆迪公司[①]发布的一份最新数据报告结果显示：

预计至 2020 年，德国、芬兰、希腊、意大利、日本、法国等全球 13 个国家将成为"超高龄"国，即 20% 以上的人口超过 65 岁；至 2030 年，"超高龄"国家数量将升至 34 个。史无前例的人口老龄化将对全球未来二十年经济增长产生严重的负面影响。报告指出，自 2014 年到 2019 年，老龄化将造成相应国家的 GDP 下滑 0.4%，2020 年到 2025 年下滑 0.9%。

---

① 穆迪：于 1900 年成立于美国曼哈顿，该公司是著名的债券评级机构。

而 1990-2005 年间，人口对经济增长的贡献为 2.9%。

另据数据统计：

美欧政府社会福利支出已占总支出的近 5 成。在计入养老金（社会安全金）补贴、社会保障及医疗卫生等项的公共服务后，美国联邦政府的社会福利支出占总支出的 45%，而其用于行政公务的费用仅占总支出的 10%。而"笨猪五国"①中的希腊，仅老年社会保障一项支出就超过总社会保障开支的一半，占比为 52.4%。

这预示着世界已进入老龄化的全球社会，随之而来的是老龄化成本增加、全球市场萎缩（见表 8-3）。

表 8-3　世界老龄化趋势带来的两个问题

世界老龄化趋势带来的两个问题	
问题	分析
老龄化成本增加	社保、养老及医疗卫生等"老龄化成本"支出占政府财政的比例日益增加，无形中使政府在青年群体扶持和创新投入上捉襟见肘。
全球市场萎缩	老年群体需求逐渐减弱及"削减福利、紧固财政"等降低福利支出、提高退休年龄等措施对财政的压力，导致全球有效市场的萎缩。

在开篇我们就提到过，全球贸易年增速已从新世纪初的 20% 降至当前的 0% 左右，说明全球贸易出口增速已经停滞，这都表明老龄化对于世界消费需求的冲击正逐渐显现。

③ 问题三——全球格局、制度的僵化

制度是"为适应新的需求所进行的滞后调整"，也是博弈的产物。

凯恩斯主义与新自由主义，本质上是指自由放任主义与国家干预主义。

---

① 笨猪五国：英语：PIIGS，也叫作"群猪五国"或者"欧猪五国"，是国际债券分析家、学者和国际经济界媒体对欧洲五个主权债券信用评级较低的经济体的贬称。

盎格鲁—撒克逊①的新自由化思想指引欧美国家顺利走出了20世纪70年代的经济危机，从而推动了全球化的发展。

然而，美国今天面临的新自由主义思想导致的制度变迁的效率，已释放殆尽；社会结构调整，全球化的美国民意基础已经消失。

美国旧的全球化制度效用正在收敛、失范，尤其是其构建的全球化制度体系正面临新的转型。

面对全球格局、制度的僵化，互联网及信息化技术正在通过新的模式和革命性改变，推动人类组织和生产模式的第四次迭代，重塑社会的组织结构和经济结构形态。

我们相信，随着基于互联网信息分享为基础的共享经济②扑面而来，人类社会的进程也将加速迈向新的轨道！

8.2 永远与改革为伍：让人民真正过上幸福而有尊严的生活

8.2.1 "十三五"背景下，中国式"供给侧改革"何去何从

☞ **微观新政**

对于未来的期待，不同的人有不同的愿景。但在大方向上民众也形成了这样的共识——政府更亲民、谨慎，政策更务实，国富民穷的格局被打破，社会更加和谐，使我们真正过上"幸福而有尊严"的生活。

从长远的角度来看，我国的供给侧改革将积极推动中国新一轮对外开放战略的实施，改变我国在国际竞争中的被动地位，提高整体竞争能

---

① 盎格鲁-撒克逊：（Anglo-Saxon）本意就是盎格鲁（Anglo）和撒克逊（Saxons）两个民族结合的民族，是一个集合用语，通常用来形容5世纪初到1066年诺曼征服之间，生活于大不列颠东部和南部地区，在语言、种族上相近的民族。
② 共享经济：民众公平、有偿的共享一切社会资源，彼此以不同的方式付出和受益，共同享受经济红利。

力，加快构建开放型经济，促进中国由大国转变成强国，逐渐演变为国际竞争的引领者。

"十三五"之于我国的经济发展是一个重大转折点。

在"十三五"期间，我国面临经济社会结构改革、动力转变、发展转型等一系列重大问题。为此，政府通过实施供给侧改革将促进"新经济"的发展，推动我国全要素生产率的提升，突显产业竞争优势。

未来，中国供给侧改革将何去何从

据专业数据统计：2015年6月末，我国对外金融资产达64337亿美元，但对外直接投资还有很大的发展空间。众所周知，在全球贸易中占据主导地位的始终是欧美国家，这给中国的经济发展带来了巨大压力。

为此，我们要抓住"十三五"的发展机遇，推动我国服务贸易的发展，进而提高我国的国际竞争力。

我们未来的目标是：

- 争取到2020年，能够使服务贸易比重达到20%，推动新一轮改革开放战略的实施；
- 使服务贸易的发展更加自由、便利；
- 进一步增加服务贸易的总量；
- 深化改革开放，使世界范围内的资源实现优化配置；
- 完善与升级服务业管理体制；
- 通过发展服务外包，建立成熟的政策机制；
- 注重发展大规模服务外包企业，提高服务外包的知识含量；
- 加速建设自由贸易区；
- 加强与国外企业的合作关系；
- 推动竞争的公开化、自由化；
- 推动区域服务贸易及双边贸易协议的谈判；

- 提高投资领域、货物及服务贸易领域的自由化标准;
- 建设服务外包基地城市,进行相应的配套建设;
- 发挥资本输出的作用,推进中国在全球投资、生产及贸易布局方面的改革。

这样才能在对外投资过程中发挥要素本身的优势作用,从整体上提高中国服务业的国际竞争力,为我国服务贸易的发展减少壁垒及阻力,形成全球自由贸易网络,通过自由竞争促进经济结构的完善,为世界经济的发展做出贡献。

要想最终形成全球自由贸易网络,还要实施几项措施(见表8-4)。

表8-4 形成全球自由贸易网络的途径

如何形成全球自由贸易网络	
要点	分析
加强合作	采取积极的应对措施。加强合作,加速建立RCEP框架;积极开展与周边国家及发展中国家的进一步合作,从而促进中日韩FTA协定达成。同时,加强与美国、日本等发达国家的经济合作。
加速经济结构调整	主要表现为拉动内需,实现自由竞争,实现共同富裕,提高民营企业的地位,合理配置要素,保证经济发展的质量,加速进行国内经济结构的调整,为知识产权提供法律保障,在发展经济的同时保护环境,对要素市场体系进行升级。如果我国自由贸易区的发展进入稳定阶段,可以在恰当的时间点参与TPP,也可以在国内的自贸实验区率先实施全球化的自由贸易与投资标准。
正确对待TPP与RCEP协定	找到TPP与RCEP之间的平衡标准,用于服务领域开放、关税减免、知识产权规定等方面,推动FTAPP(亚太自贸区)的建立。
促进"一带一路"战略实施	"一带一路"是指促进"丝绸之路经济带"与"21世纪海上丝绸之路"战略的实施,促进我国与欧盟国家的贸易联系以及亚太地区的经济合作,进而建设全球自由贸易网络。

8.2.2 未来走向：政府将进一步加大减税力度

☞ **微观新政**

一年一度的中央经济工作会议已经结束，我国政府决策层对2016年的经济工作做出了全新部署——引领经济发展新常态，推进结构性改革仍然是重中之重。

所谓新常态，主要有以下三大特征：

速度变化、结构优化、动力转化。

背后对应的是三重断裂带——增长、改革、全球化。

在未能达到新的稳态之前，我们仍然需要通过供给侧改革来冲出三重断裂带。

因此，2016年中国宏观经济的关键词仍然是供给侧改革。

近些年来，劳动人口占比降低、劳动资源成本上升、投资回报率下降等原因导致我国GDP增幅持续下跌，潜在经济增长率出现下滑。

供给侧结构性改革指的是促成要素从成熟产业向新兴产业转移以平衡产业结构。针对当前现状，需求侧能立竿见影解决短期问题，供给侧能从根本上解决问题。

那么，在未来，政府还会从哪些方面有"大动作"呢？

要通过供给侧改革完成结构性转移，政府应当缓解劳动力、税费等各种成本压力，着手提高人口、创新、金融等的供给效率。

根据当前的政策走势和我国的经济形势不难预测，2016年，政府的减税力度将持续加大。

① 释放老化陈旧的供给中的生产要素

对供给侧的改革实际上就是要释放老化陈旧的供给中的生产要素，

转而投入到新生的、有活力的供给中去，从而提高生产要素的使用效率和价值。我国经济发展目前的主要压力就在于向旧的供给中持续投入，造成供给乏力。

2015年11月，经济形势专家和企业负责人座谈会召开。从会议上李克强总理的讲话我们能认识到，"十三五"最核心的目标在于全面建成小康社会，但如今我们依旧面临重重阻碍。世界经济大环境仍旧处于相对低迷的时期并可能长期处于该状态，而国内也存在着经济结构性发展不平衡等诸多问题。

在内外压力的共同作用下，要想尽快实现建成小康社会的目标，就必须着重加强经济结构的调整，上下齐心协力，认真贯彻落实新的经济发展理念，让经济始终保持在合理的发展速度范围内，实现以中高的速度稳定增长。

随着环境的变化和经济发展的需要，我国传统经济结构在不断发生变化，如此一来诸如低廉劳动力、低生产要素成本等优势将逐渐消失，不能再继续作为支撑我国经济高速发展的主力因素。

此外，"中等收入陷阱"也已经悄然入侵我国，这对供给环境的优化提出了很高的要求。为了突破如今的经济发展瓶颈，我们必须开拓和释放增长空间，优化调整结构，以应对历史给我们的考验。在改革的过程中还应当"瞻前顾后"，对改革可能会带来的负面作用和矛盾有足够的思想准备，并制定好应对策略。

我国经济结构存在相当复杂的不平衡性，经济发展状况受人口集中程度、资源分布等多种因素的影响，例如东南沿海仅占国土总面积的40%，却集中分布了94%的人口数量。在能源消费中，煤炭消费占比超过60%，产能过剩，消费需求升级得不到满足。长时间以来，我国都以扩大需求为调控重点，而如今，生产要素的高投入已经无法从根本上使经济继续保持高速发展，生产要素使用效率的提高才是真正的重点。

② 2016年减税力度将进一步加大

新供给的诞生必须要由创新来实现。

"十三五"规划创造性地把着力点放到源头，明确提出了"释放新需求，创造新供给"的要求，同时提出"创新是引领发展的第一动力"。技术创新和制度创新缺一不可。

从供给侧着手来进行产业结构的调整和改革，未来还需要做哪些工作呢？（见表8-5）

表8-5 从供给侧着手还要在哪些方面持续发力

从供给侧着手还要在哪些方面持续发力	
要点	分析
财政方面	减轻企业税务压力，为企业度过发展难关增添助力，对企业适当放宽财税政策。
市场方面	稳定调控，多点配合，平衡市场结构，促进市场稳定，并着重强调价格、产业、财政、货币等政策的作用。
成本方面	成本问题和供给效率也是供给侧改革的重点。劳动力、资金、资源以及管理的成本要进行压缩控制，人口、金融、土地、制度等供给效率都有待提高。最重要的是创新供给效率的提高和技术供给成本的降低。
减税方面	我国加大了对小微企业的扶持力度，极大减轻了小微企业的生存负担，各种减税政策以及融资渠道的拓宽等文件频繁出台。2016年，政府的减税政策将会继续推出，民众的生存环境将得到极大改善，包括个人所得税和企业所得税都会在一定程度上减少。

8.2.3 按下转型快进键，向世界释放更多"中国红利"

☞ **微观新政**

中国社会在2001年到2016年的十五年间，创造了巨大的社会财富，发生了翻天覆地的变化。

一系列飞速增长的经济数字都表明，普通民众在获得物质更为丰富的生活的同时，也拥有了更多自主表达的平台——能通过更多的渠道争取机会公平和社会财富分配正义，社会福利也在不断增加。

回望历史，从强调"供给会自行创造需求"的萨伊定律，到20世纪80年代美国总统里根、英国首相撒切尔以供给学派理论为支点的改革，供给侧管理的经济思想并非新鲜事物。

中央经济工作会议闭幕后，美国《华尔街日报》作出这样的评价：

中国领导层为明年确立了经济发展蓝图，强调直面长期问题，他们意识到靠借债和投资已无法驱动世界第二大经济体。

不少海外媒体注意到，我国政府使用的是"供给侧结构性改革"——更强调从供给端发力带动结构性的整体变革，其治理思路体现了经济"新常态"和"中国特色"紧密结合的时代特征。

被誉为现代经济学之父的亚当·斯密在《道德情操论》中指出：

如果一个社会的经济发展成果不能真正分流到大众手中，那么它在道义上将是不得人心的，而且是有风险的，因为它注定要威胁社会稳定。

在开篇我们就提到过，转型不能一蹴而就，要想按下转型"快进键"，将改革思维运用到实践中，就要做好万全准备。

如今，供给侧结构性改革的整体环境已经准备就绪，最重要的就是政策的实施。现在我们亟须解决的问题是，如何按下转型"快进键"？

（1）拥抱新经济、迎接新常态的同时，向世界释放中国经济红利

随着市场形势的变化，传统的发展模式已经不能适应新经济发展的需求。要想持续发展，就要使市场环境更加自由、公平，激活企业和个人的创新能力。国际金融危机之后，各国在经济结构调整方面都采取了一系列措施，世界主要经济体都将创新作为战略重点来实施。很多国家都积极发展先进科技，发达国家更是相继进行战略上的创新与完善，提高自己的科技竞争力。

面对激烈的国际竞争，中国政府也采取了应对措施——通过实施"大众创业、万众创新"战略带动中国经济的转型。

按下转型快进键，有几个重点方向（见图8-2）。

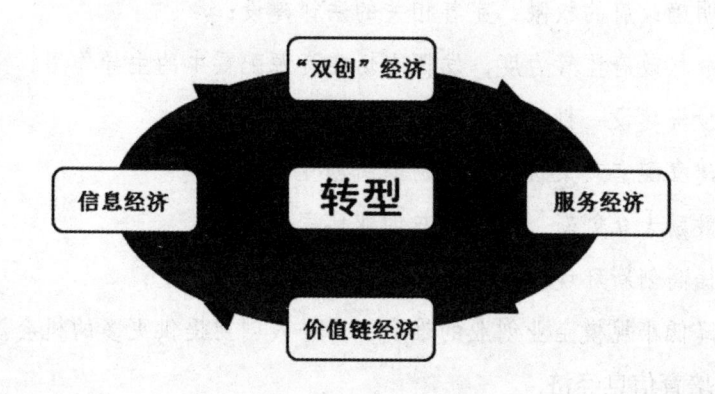

图 8-2　按下转型快捷键的四个方向

① 培育"双创"经济

2014年9月，国务院总理李克强在夏季达沃斯论坛上公开发出"大众创业、万众创新"的号召，"双创"一词由此走红。

几个月后，2015年政府工作报告又前所未有地予以推动"双创"经济。

在2015年6月4日的国务院常务会议后，"双创"一词再度吸引了人们的注意。

要想培育"双创"经济，首先要建立投资融资体系，推动创新创业。具体措施有：

- 完善财税政策，建立政策性基金；
- 建设具有保障性的创业保险基金，为创业者融资提供更多的便利；
- 建立成长贷款基金、风险资本基金；
- 扶持创业投资企业发展；

- 推动创业，解决中小规模企业在发展过程中遇到的资金短缺问题；
- 发展创新型银行企业，推进中国多层次资本市场的建设；
- 提高整体创新效率。

其次，提供各方面支持用来鼓励创新创业。具体措施有：

- 明确政府的权限，完善相关的法律建设；
- 放松政府监管力度，发挥市场在资源配置中的主导作用；
- 投资建设一批新的创业基地及创新工场；
- 建立配套政策机制，鼓励创新创业
- 鼓励大众创新，使创新与创业协同发展；
- 提高创新环境的市场化、网络化、专业化程度；
- 降低小规模企业创业的难度，为个人创业提供更多的机会。

② 培育信息经济

信息经济，也可以称之为资讯经济，IT 经济。

信息经济作为信息革命在经济领域的伟大成果，是通过产业信息化和信息产业化两个相互联系和彼此促进的途径不断发展起来的。

所谓信息经济，是以现代信息技术等高科技为物质基础，信息产业起主导作用的，基于信息、知识、智力的一种新型经济。

2015 年 9 月，我国工信部发布了最新的《2015 中国信息经济研究报告》，该报告指出：

2014 年，信息经济对中国生产总值的贡献超过 58%，我国的信息经济规模比前一年提高了大约 21 个百分点，这个数据比部分发达国家还要高。

2014 年，美国信息经济对其国内生产总值的贡献率为 69.4%，日本与英国都低于 45%，而中国的信息消费规模超过两万亿，国内生产总值在其影响下提高了 0.64%。

2015 年，信息消费规模超过 3 亿，其增长速度大约为国内生产总值增长速度的 4 倍。

这说明我国的信息消费依然是经济新的增长点。

埃森哲[①]专业数据统计结果显示：

2030 年，美国的产业物联网发展会为其国内生产总值增加 6 万多亿美元。产业物联网的发展也会为中国经济的进步发挥很大的作用，预计到 2030 年，我国的国内生产总值会增加 1.8 亿美元。

这说明，如果市场环境趋于成熟，那么，产业物联网会为经济发展起到重要的推动作用。

总之，未来将信息经济运用到国内各个产业中，将切实推动贸易领域、物流行业、制造业领域的形态革新，进而带动经济发展模式与经济体系的重塑。

③ 培育服务经济

服务经济，英文为 Service Economy，是以人力资本为基本生产要素形成的经济结构、增长方式和社会形态。

在服务经济时代，土地和机器的重要性都大大下降了，人力资本成为基本要素，是经济增长的主要来源。因此，服务经济增长主要取决于人口数量和教育水平。美国是人口数量较大、教育水平较高的国家，自然成为服务经济时代的大国，其发展水平远远高于世界其他国家。

对于我国的大部分企业而言，利润的重要收入来源，除了产品，便是服务。

站在世界经济发展的角度来看，产业结构正逐渐从"工业型经济"演变为"服务型经济"。我国经济也不例外，对此，我们应该重点采取消费形式升级、建立监管体系、鼓励大众参与、增加服务要素供给等措施（见表 8-6）。

---

① 埃森哲：Accenture 是全球最大的管理咨询、信息技术和业务流程外包的跨国公司。

表 8-6 从"工业型经济"演变为"服务型经济"的措施

从"工业型经济"演变为"服务型经济"的措施	
要点	分析
消费形式升级	加速将消费形式升级到服务消费,进一步提高服务消费所占的份额。
建立监管体系	根据市场发展状况建立科学的监管体系,推动实现公共资源的优化配置。深入实施对外开放战略,减少服务领域的贸易壁垒。
鼓励大众参与	通过公共私营合作机制的实施,引导社会将更多的资本用于支持医疗、教育、文化等行业的发展。鼓励各个领域的投资者参与到服务业投资中来。支持服务类公共产品的生产,满足市场需求。
增加服务要素供给	与其他国家相比,中国的生产服务产业面临对高端生产服务性要素的需求不断提高的状况,缺乏竞争优势。为此,一方面要加大投资,完善国内相关体系的建设;另一方面,要增加对生产服务性要素的供给,从国外引进生产服务,加强国际合作等等。

④ 培育价值链经济

1985 年,价值链的概念由迈克尔·波特在《竞争优势》一书中首次提出。价值链的基本活动包含生产、营销、运输和售后服务等,支持活动包含物料供应、技术、人力资源或支持其他生产管理活动的基础功能等。

在我国,中低端制造业普遍存在产能过剩现象,而高端制造业则常常无法满足市场过盛的需求,比如钢铁、汽车、石化、建材等制造业都存在这一问题。

为此,在以后的经济发展中,我国应着力加大在这些领域的投资(见表 8-7)。

在 2010 年的政府工作报告中,有两句话格外令人心动,一句是:"要使我们的人民过上体面而有尊严的生活。"另一句是:"社会公平和正义比太阳还具有光芒。"这就是人民的幸福!

表8-7 培育价值链经济的具体措施

培育价值链经济的具体措施	
要点	分析
加大投资力度支持深度改革	在传统发展模式下,中国制造业投资将重点放在产能扩张上,在技术应用方面的投资比较少。以2012年为例,中国在固定资产方面的投资达到36.5万亿,但这些投资中用于技术改造的比率还不到15%。中国在今后的产业发展中,在技术方面会对资本提出很高的需求,该领域的投资还存在很大的增长空间。
推动高端产业新兴产业发展	按照西方发达国家对高端产业的投资力度来看,中国还需要在这方面做出更多的努力,因此,要着重发展战略新兴产业及高端制造业,为高端装备的研发及生产提供更多的资金支持。
鼓励创新研发给予多方支持	与美国等发达国家相比,我国在制造业领域的研发强度处于落后地位,比如2013年,中国的制造业研发强度不到1.0%,但美国的制造业研发强度超过3.3%。除此之外,在关键产业研发方面,我国也处于弱势地位,2013年,中国制药业产业研发强度约为1.6%,计算机及电子设备的研发强度约为1.5%,不包括汽车在内的交通运输行业研发强度约为2.2%,美国在这一年相同领域的研发强度为24.5%、14%至19%、11.5%,因此,要大力支持制造业的创新研发,逐渐缩短与发达国家的差距。

如今,我国实行供给侧改革,无疑是对这两句话的有力实践,同时也给中国经济按下了转型的快进键,未来还会向世界释放更多的"中国红利"!

后　记

2016 年，中国准备好了吗？

转瞬即逝的 2015 年，有几个让人眼前一亮，为之兴奋的关键词：供给侧改革、"大众创业、万众创新"。

同时也有几个让人不愿触及的关键词：经济减速、资本寒冬、创投泡沫。

据高盛集团[①]数据统计显示：

我国经济增速近十年来首次降至 6.9%，未来五到十年，增速将维持在 5%～6%。

经济增速缓慢，使习惯高速奔跑的中国经济不适感强烈，具体表现为：

股灾不断，二级市场震荡，亿万资产瞬间蒸发殆尽；

资本发热，创业投资涌起泡沫……

一段时期的经济过热现象就像啤酒，不小心倾倒过猛，有些投资人、创业者不胜酒力，一时间没反应过来，纷纷吓了一跳，以为彼此相欺，酒桌上不欢而散。

越来越多的领域，开始出现一份叫做"死亡名单"的报告，且如大字报般漫天飞舞。

一场盛世繁华背后的饿殍满地、尸横遍野，让我们不禁唏嘘——我

[①] 高盛集团：英文 Goldman Sachs，是一家国际领先的投资银行，向全球提供广泛的投资、咨询和金融服务，拥有大量的多行业客户，包括私营公司，金融企业，政府机构以及个人。

们所处的，究竟是最好的时代，还是最坏的时代，抑或兼而有之？

在任何一个看似辉煌的时代里，都有很多常人难以察觉的微妙变局。于微观至个人，于宏观至国家。

举手投足，若隐若现，仿若前世，亦作今生，更系未来。

同样，每个时代的每一代人，都会形成更加微妙的多股力量，他们流向不同的远方，却分明又无一例外地指向同一个结局——他们恪守本分，充当摆渡人的角色，连接着过去与未来，有的被镀金瞻仰，有的被历史洪流冲刷淹没。

如此循环往复，看似风雨无情，交替变换，实则充满传递信息与力量的温暖。

不止一个人问：

2016年——这个被臆想者赋予不同符号的年份，中国准备好了吗？

现实是，被历史的车轮推到幕前的故事，未必会按照政府和我们一厢情愿的想法上演。

自2010年以来，中国经济就像一个"给点阳光就能灿烂"的孩童，在政府强有力的主导干预下，曾经不断创造经济的奇迹，现在却变得越来越不听话：

股市灰头土脸、难有起色；

通货膨胀居高不下；

中小企业资金短缺，生存困难……

政策改革再次成为普通民众望穿秋水等待的对象。

虽然政策的锤子砸下去，未必就会"金花四溅"、立竿见影。

许多持怀疑态度的人，不禁惶恐——中国经济到底怎么了？

2016、2017……2020，我们做好准备了吗？

有人说，文化能让人克制欲望，使人们走出拜金主义，找到自我约束的信仰；文化能让一个国家懂得厚德载物，为善良、勇敢、勤劳、可

后记

爱的人民创造更好的生存、生活环境；文化能抚平时代的裂痕，让政府站在人民的背后，实施一系列更利于民生的稳健政策，而非单纯的权力与制度的博弈……

当然，时代的伤口再深，社会也不会停止前进，国家经济更不会沦落到崩溃的地步。正因如此，我国政府高举改革旗帜，欲通过供给侧改革重构我国经济制度，实现经济升级转型（见图1）。

图1 中国经济的供给侧结构性改革官方图[①]

著名学者威尔·杜兰特[②]说道："文明就像是一条有河岸的河流。河流中流淌的鲜血是人们相互残杀、偷窃、奋斗的结果，这些通常就是历史学家们所记录的内容。而他们没有注意的是，在河岸上，人们建立家园，相亲相爱，养育子女，歌唱，谱写诗歌，创作雕塑。"

英国《金融时报》旗下投资研究服务商《中国投资参考》主编金奇

---

① 图片来源：新华社
② 威尔·杜兰特（Will Durant）（1885——1981）美国著名学者，普利策奖（1968）和自由勋章（1977）获得者。

曾发表了一篇文章——《中国经济不再听话》，该文章毫不留情地指出了中国经济发展遭遇的些许困惑：

> 假如北京方面希望出台新的刺激计划，它或许会发现，自己无力再像2009年那样调动出迅速而坚决的反应。当然，北京方面的手中还拥有一些武器。它可以发行政府债券，或者发起对银行和地方政府投资公司的纾困，可能会为此动用3.2万亿美元外汇储备中的一部分。不过这些方法应该不会对经济增长产生像2009年那样的立竿见影的效果，也不能解决另一个现实问题：只要提供高收益的影子金融体系继续存在，资金就会从国有银行流到影子银行，政府主导的刺激计划可调动的资金就会进一步减少。

让人不解的是，中国经济在历经金融危机的打磨后似乎更显活力。但现实是，在日后的经济复苏中却遭遇了更大的挑战，种种难题更是引起了市场派与计划派喋喋不休的争论。

毋庸置疑的是，未来，随着经济改革走向更深层次，改革的难度会越来越大。

2016年的中国经济，可能遇到的难题远不止这些。

例如，我们会遭遇更多错综复杂的关乎利益的博弈；民众的呼声持续高涨，对社会不稳定因素的担忧无限蔓延……

正如本书序言提到的那样，今天的中国经济，再次走到了一个十字路口。

继续强化落实供给侧改革是我们坚定不移要走的方向，更是所有中国人民应有的共识。

正如经济学家吴敬琏所说："改革的时间拖得越长，新旧两种体制之间积累的矛盾就会越多；既得利益者积累了更多的利益，也就有更多的动力去阻挠可能影响自己利益的进一步改革。社会存在的种种矛盾，尤其是与经济问题相关的不公事实，根源在于改革不彻底，而

后记

非改革本身。"

改革需要政府对自身进行变革，也需要所有参与者更大的魄力与决心。

2016年，也是一个重要的"继往开来"的年份，人民对于未来的生活，企业对于未来的新经济都充满了期待。历史的波澜壮阔，源于每一天的积累与成长。或许，今天正在落地生根的远景和期待，在不远的将来会变得枝繁叶茂。

对于未来，我们也不能奢望得太多。毕竟，期待通过一次供给侧改革就彻底转型，去往一个新的主义，解决所有问题并不现实。

从问题到决策到执行，是一个极其复杂的不断调整的过程，并不是一个单纯的因果关系。其中涉及的具体政策、措施、路径的选择，争论也最为激烈，也需要更多的时间商榷、达成共识。

回望刚刚走过的一年，对于中国经济的转型，政府实现平稳过渡，大方向上坚持改革方向，坚定落实供给侧改革，将经济体制改革有序推进。哪怕只是一小步的距离，也是令人欣喜、欣慰的进步，更是与我们普通百姓幸福息息相关的最有力的注脚，这些正是供给侧改革赋予我们的看得见摸得着最真实的红利。

2016年，中国经济进入新常态，供给侧改革的实施将是一路风雨兼程的旅程，对于处于我国经济结构中的各个行业而言亦是如此。

若想焕发新生，医治旧疾，单用猛药肯定不行，更要用创新的理念、行动勇于开拓，披荆斩棘。

"雄关漫道真如铁，而今迈步从头越"。

前方的路未必平坦，但你我志比金坚。

如此，风雨兼程之后，看见旖旎的彩虹就指日可待！

附录 1

2004 年至 2016 年中央一号文件一览

年份	2004 年至 2016 年中央一号文件一览 相关文件
2004 年	《关于促进农民增加收入若干政策的意见》
2005 年	《关于进一步加强农村工作提高农业综合生产能力若干政策的意见》
2006 年	《关于推进社会主义新农村建设的若干意见》
2007 年	《关于积极发展现代农业扎实推进社会主义新农村建设的若干意见》
2008 年	《关于切实加强农业基础建设进一步促进农业发展农民增收的若干意见》
2009 年	《关于促进农业稳定发展农民持续增收的若干意见》
2010 年	《关于加大统筹城乡发展力度进一步夯实农业农村发展基础的若干意见》
2011 年	《关于加快水利改革发展的决定》
2012 年	《关于加快推进农业科技创新持续增强农产品供给保障能力的若干意见》
2013 年	《关于加快发展现代农业进一步增强农村发展活力的若干意见》
2014 年	《关于全面深化农村改革加快推进农业现代化的若干意见》
2015 年	《关于加大改革创新力度加快农业现代化建设的若干意见》
2016 年	《关于落实发展新理念加快农业现代化实现全面小康目标的若干意见》

附录 2

2016 年中央一号文件解读（附全文）

◆ **什么是中央一号文件？**

中央一号文件是中共中央每年发布的第一份文件，一号文件中聚焦的主题往往是国家当前需要重点关注和亟须解决的问题，在全年工作中具有纲领性和指导性的地位，因此历年的文件都会受到各界的高度关注。

◆ **2016 年中央一号文件的主要内容是什么？**

2016 年中央"一号文件"，是中共中央、国务院 2016 年印发的《关于落实发展新理念加快农业现代化实现全面小康目标的若干意见》（以下简称《意见》）。

《意见》全文约 15000 字，共分 6 个部分 30 条，包括：

- 持续夯实现代农业基础，提高农业质量效益和竞争力；
- 加强资源保护和生态修复，推动农业绿色发展；
- 推进农村产业融合，促进农民收入持续较快增长；
- 推动城乡协调发展，提高新农村建设水平；
- 深入推进农村改革，增强农村发展内生动力；
- 加强和改善党对"三农"工作领导。

◆五大关键词读懂 2016 年中央一号文件"真经"

> 五大关键词读懂
> 2016年中央一号文件"真经"
>
> 1月27日新华社受权发布《关于落实发展新理念加快农业现代化实现全面小康目标的若干意见》。这是改革开放以来第18份以"三农"为主题的一号文件。

图 1 中央一号文件官方图[①]

关键词 1. "农业现代化"

> "农业现代化":连续三年写入标题
>
> 从2014年至今,则连续三年将"农业现代化"写入文件标题。
>
> 专家认为
>
> "农业现代化"连续三年"入题"含义深远。当前,我国农业面临千年未有之变局,迫切需要通过落实新理念,加快推进农业现代化,从根本上提升竞争力,破解农业农村发展面临的各种难题。

图 2 中央一号文件官方图

---

① 图片1、2、3、4、5、6来源:新华社

关键词 2. "供给侧结构性改革"

> **"供给侧结构性改革"：首次写进中央一号文件**
>
> "供给侧结构性改革"一词今年首次写入了中央一号文件。专家指出，尽管"供给侧结构性改革"在文件中仅出现一次，但15000字的文件内容通篇体现出农业供给侧改革思路。

图 3　中央一号文件官方图

关键词 3. "绿色发展"

> **以"绿色发展"保护资源修复生态**
>
> 我国农业发展取得巨大成就的同时，也付出了资源环境代价。
>
> 对此文件提出
>
> 推动农业可持续发展，必须确立发展绿色农业就是保护生态的观念，加快形成资源利用高效、生态系统稳定、产地环境良好、产品质量安全的农业发展新格局。

图 4　中央一号文件官方图

关键词 4. 补齐"短板"

补齐"短板" 吹响决胜小康冲锋号

今后五年是我国全面建成小康社会的决胜阶段，农村成为最需要补齐的那块短板。

图 5　中央一号文件官方图

关键词 5."产业融合"

"产业融合"支撑农民增收

"十二五"期间，我国农民人均收入年均增长9.5%，2015年农民人均收入突破万元大关，增幅连续第6年高于GDP和城镇居民收入增幅。

图 6　中央一号文件官方图

2016 年中央一号文件的最大意义在于——"持续聚焦三农，彰显了三农工作重中之重的地位。"

国务院发展研究中心农村部部长叶兴庆认为："今年一号文件强调要用发展新理念破解'三农'新难题，提出要推进农业供给侧结构性改革，这对解决'三农'新老问题、有序推动农业现代化、确保亿万农民迈入全面小康社会，具有重要意义。"

关于落实发展新理念加快农业现代化 实现全面小康目标的若干意见

党的十八届五中全会通过的《中共中央关于制定国民经济和社会发展第十三个五年规划的建议》，对做好新时期农业农村工作作出了重要部署。各地区各部门要牢固树立和深入贯彻落实创新、协调、绿色、开放、共享的发展理念，大力推进农业现代化，确保亿万农民与全国人民一道迈入全面小康社会。

"十二五"时期，是农业农村发展的又一个黄金期。粮食连年高位增产，实现了农业综合生产能力质的飞跃；农民收入持续较快增长，扭转了城乡居民收入差距扩大的态势；农村基础设施和公共服务明显改善，提高了农民群众的民生保障水平；农村社会和谐稳定，夯实了党在农村的执政基础。实践证明，党的"三农"政策是完全正确的，亿万农民是衷心拥护的。

当前，我国农业农村发展环境发生重大变化，既面临诸多有利条件，又必须加快破解各种难题。一方面，加快补齐农业农村短板成为全党共识，为开创"三农"工作新局面汇聚强大推动力；新型城镇化加快推进，为以工促农、以城带乡带来持续牵引力；城乡居民消费结构加快升级，为拓展农业农村发展空间增添巨大带动力；新一轮科技革命和产业变革正在孕育兴起，为农业转型升级注入强劲驱动力；农村各项改革全面展开，为农业农村现代化提供不竭原动力。另一方面，在经济发展新常态背景下，如何促进农民收入稳定较快增长，加快缩小城乡差距，确保如期实现全面小康，是必须完成的历史任务；在资源环境约束趋紧背景下，如何加快转变农业发展方式，确保粮食等重要农产品有效供给，实现绿色发展和资源永续利用，是必须破解的现实难题；在受国际农产品市场影响加深背景下，如何统筹利用国际国内两个市场、两种资源，提升我国农业竞争力，赢得参与国际市场竞争的主动权，是必须应对的重大挑战。农业是全面建成小康社会、实现现代化的基础。我们一定要切实增强做好"三农"工作的责任感、使命感、紧迫感，任何时候都不能忽视农业、忘记农民、淡漠农村，在认识的高度、重视的程度、投入的力度上保持好势头，始终把解决好"三农"问题作为全党工作重中之重，坚持强农惠农富农政策不减弱，推进农村全面小康建设不松劲，加快发展现代农业，加快促进农民增收，加快建设社会主义新农村，不断巩固和发展农业农村好形势。

"十三五"时期推进农村改革发展，要高举中国特色社会主义伟大旗帜，全面贯彻党的十八大和十八届三中、四中、五中全会精神，以邓小平理论、"三个代表"重要思想、科学发展观为指导，深入贯彻习近平总书记系列重要讲话精神，坚持全面建成小康社会、全面深化改革、全面依法治国、全面从严治党的战略布局，把坚持农民主体地位、增进农民福祉作为农村一切工作的出发点和落脚点，用发展新理念破解"三农"新难题，厚植农业农村发展优势，加大创新驱动力度，推进农业供给侧结构性改革，加快转变农业发展方式，保持农业稳定发展和农民持续增收，走产出高效、产品安全、资源节约、环境友好的农业现代化道路，推动新型城镇化与新农村建设双轮驱动、互促共进，让广大农民平等参与现代化进程、共同分享现代化成果。

到2020年，现代农业建设取得明显进展，粮食产能进一步巩固提升，国家粮食安全和重要农产品供给得到有效保障，农产品供给体系的质量和效率显著提高；农民生活达到全面小康水平，农村居民人均收入比2010年翻一番，城乡居民收入差距继续缩小；我国现行标准下农村贫困人口实现脱贫，贫困县全部摘帽，解决区域性整体贫困；农民素质和农村社会文明程度显著提升，社会主义新农村建设水平进一步提高；农村基本经济制度、农业支持保护制度、农村社会治理制度、城乡发展一体化体制机制进一步完善。

一、持续夯实现代农业基础，提高农业质量效益和竞争力

大力推进农业现代化，必须着力强化物质装备和技术支撑，着力构建现代农业产业体系、生产体系、经营体系，实施藏粮于地、藏粮于技战略，推动粮经饲统筹、农林牧渔结合、种养加一体、一二三产业融合发展，让农业成为充满希望的朝阳产业。

1. 大规模推进高标准农田建设。加大投入力度，整合建设资金，创新投融资机制，加快建设步伐，到2020年确保建成8亿亩、力争建成10亿亩集中连片、旱涝保收、稳产高产、生态友好的高标准农田。整合完善建设规划，统一建设标准、统一监管考核、统一上图入库。提高建设标准，充实建设内容，完善配套设施。优化建设布局，优先在粮食主产区建设确保口粮安全的高标准农田。健全管护监督机制，明确管护责任主体。将高标准农田划为永久基本农田，实行特殊保护。将高标准农田建设情况纳入地方各级政府耕地保护责任目标考核内容。

2. 大规模推进农田水利建设。把农田水利作为农业基础设施建设的重点，到2020年农田有效灌溉面积达到10亿亩以上，农田灌溉水有效利用系数提高到0.55以上。加快重大水利工程建设。积极推进江河湖库水系连通工程建设，优化水资源空间格局，增加水环境容量。加快大中型灌区建设及续建配套与节水改造、大型灌排泵站更新改造。完善小型农田水利设施，加强农村河塘清淤整治、山丘区"五小水利"、田间渠系配套、雨水集蓄利用、牧区节水灌溉饲草料地建设。大力开展区域规模化高效节水灌溉行动，积极推广先进适用节水灌溉技术。继续实施中小河流治理和山洪、地质灾害防治。扩大开发性金融支持水利工程建设的规模和范围。稳步推进农业水价综合改革，实行农业用水总量控制和定额管理，合理确定农业水价，建立节水奖励和精准补贴机制，提高农业用水效率。完善用水权初始分配制度，培育水权交易市场。深化小型农田水利工程产权制度改革,创新运行管护机制。鼓励社会资本参与小型农田水利工程建设与管护。

3. 强化现代农业科技创新推广体系建设。农业科技创新能力总体上达到发展中国家领先水平,力争在农业重大基础理论、前沿核心技术方面取得一批达到世界先进水平的成果。统筹协调各类农业科技资源,建设现代农业产业科技创新中心,实施农业科技创新重点专项和工程,重点突破生物育种、农机装备、智能农业、生态环保等领域关键技术。强化现代农业产业技术体系建设。加强农业转基因技术研发和监管,在确保安全的基础上慎重推广。加快研发高端农机装备及关键核心零部件,提升主要农作物生产全程机械化水平,推进林业装备现代化。大力推进"互联网+"现代农业,应用物联网、云计算、大数据、移动互联等现代信息技术,推动农业全产业链改造升级。大力发展智慧气象和农业遥感技术应用。深化农业科技体制改革,完善成果转化激励机制,制定促进协同创新的人才流动政策。加强农业知识产权保护,严厉打击侵权行为。深入开展粮食绿色高产高效创建。健全适应现代农业发展要求的农业科技推广体系,对基层农技推广公益性与经营性服务机构提供精准支持,引导高等学校、科研院所开展农技服务。推行科技特派员制度,鼓励支持科技特派员深入一线创新创业。发挥农村专业技术协会的作用。鼓励发展农业高新技术企业。深化国家现代农业示范区、国家农业科技园区建设。

4. 加快推进现代种业发展。大力推进育繁推一体化,提升种业自主创新能力,保障国家种业安全。深入推进种业领域科研成果权益分配改革,探索成果权益分享、转移转化和科研人员分类管理机制。实施现代种业建设工程和种业自主创新重大工程。全面推进良种重大科研联合攻关,培育和推广适应机械化生产、优质高产多抗广适新品种,加快主要粮食作物新一轮品种更新换代。加快推进海南、甘肃、四川国家级育种制种基地和区域性良种繁育基地建设。强化企业育种创新主体地位，加快培育具有国际竞争力的现代种业企业。实施畜禽遗传改良计划，加快培育优异畜禽新品种。开展种质资源普查，加大保护利用力度。贯彻落实种子法，全面推进依法治种。加大种子打假护权力度。

5. 发挥多种形式农业适度规模经营引领作用。坚持以农户家庭经营为基础，支持新型农业经营主体和新型农业服务主体成为建设现代农业的骨干力量，充分发挥多种形式适度规模经营在农业机械和科技成果应用、绿色发展、市场开拓等方面的引领功能。完善财税、信贷保险、用地用电、项目支持等政策，加快形成培育新型农业经营主体的政策体系，进一步发挥财政资金引导作用，撬动规模化经营主体增加生产性投入。适应新型农业经营主体和服务主体发展需要，允许将集中连片整治后新增加的部分耕地，按规定用于完善农田配套设施。探索开展粮食生产规模经营主体营销贷款改革试点。积极培育家庭农场、专业大户、农民合作社、农业产业化龙头企业等新型农业经营主体。支持多种类型的新型农业服务主体开展代耕代种、联耕联种、土地托管等专业化规模化服务。加强气象为农服务体系建设。实施农业社会化服务支撑工程，扩大政府购买农业公益性服务机制创新试点。加快发展农业生产性服务业。完善工商资本租赁农地准入、监管和风险防范机制。健全县乡农村经营管理体系，加强对土地流转和规模经营的管理服务。

6. 加快培育新型职业农民。将职业农民培育纳入国家教育培训发展规划，基本形成职业农民教育培训体系，把职业农民培养成建设现代农业的主导力量。办好农业职业教育，将全日制农业中等职业教育纳入国家资助政策范围。依托高等教育、中等职业教育资源，鼓励农民通过"半农半读"等方式就地就近接受职业教育。开展新型农业经营主体带头人培育行动，通过5年努力使他们基本得到培训。加强涉农专业全日制学历教育，支持农业院校办好涉农专业，健全农业广播电视学校体系，定向培养职业农民。引导有志投身现代农业建设的农村青年、返乡农民工、农技推广人员、农村大中专毕业生和退役军人等加入职业农民队伍。优化财政支农资金使用，把一部分资金用于培养职业农民。总结各地经验，建立健全职业农民扶持制度，相关政策向符合条件的职业农民倾斜。鼓励有条件的地方探索职业农民养老保险办法。

7. 优化农业生产结构和区域布局。树立大食物观，面向整个国土资源，全方位、多途径开发食物资源，满足日益多元化的食物消费需求。在确保谷物基本自给、口粮绝对安全的前提下，基本形成与市场需求相适应、与资源禀赋相匹配的现代农业生产结构和区域布局，提高农业综合效益。启动实施种植业结构调整规划，稳定水稻和小麦生产，适当调减非优势区玉米种植。支持粮食主产区建设粮食生产核心区。扩大粮改饲试点，加快建设现代饲草料产业体系。合理调整粮食统计口径。制定划定粮食生产功能区和大豆、棉花、油料、糖料蔗等重要农产品生产保护区的指导意见。积极推进马铃薯主食开发。加快现代畜牧业建设，根据环境容量调整区域养殖布局，优化畜禽养殖结构，发展草食畜牧业，形成规模化生产、集约化经营为主导的产业发展格局。启动实施种养结合循环农业示范工程，推动种养结合、农牧循环发展。加强渔政渔港建设。大力发展旱作农业、热作农业、优质特色杂粮、特色经济林、木本油料、竹藤花卉、林下经济。

8. 统筹用好国际国内两个市场、两种资源。完善农业对外开放战略布局，统筹农产品进出口，加快形成农业对外贸易与国内农业发展相互促进的政策体系，实现补充国内市场需求、促进结构调整、保护国内产业和农民利益的有机统一。加大对农产品出口支持力度，巩固农产品出口传统优势，培育新的竞争优势，扩大特色和高附加值农产品出口。确保口粮绝对安全，利用国际资源和市场，优化国内农业结构，缓解资源环境压力。优化重要农产品进口的全球布局，推进进口来源多元化，加快形成互利共赢的稳定经贸关系。健全贸易救济和产业损害补偿机制。强化边境管理，深入开展综合治理，打击农产品走私。统筹制定和实施农业对外合作规划。加强与"一带一路"沿线国家和地区及周边国家和地区的农业投资、贸易、科技、动植物检疫合作。支持我国企业开展多种形式的跨国经营，加强农产品加工、储运、贸易等环节合作，培育具有国际竞争力的粮商和农业企业集团。

二、加强资源保护和生态修复，推动农业绿色发展

推动农业可持续发展，必须确立发展绿色农业就是保护生态的观念，加快形成资源利用高效、生态系统稳定、产地环境良好、产品质量安全的农业发展新格局。

9. 加强农业资源保护和高效利用。基本建立农业资源有效保护、高效利用的政策和技术支撑体系，从根本上改变开发强度过大、利用方式粗放的状况。坚持最严格的耕地保护制度，坚守耕地红线，全面划定永久基本农田，大力实施农村土地整治，推进耕地数量、质量、生态"三位一体"保护。落实和完善耕地占补平衡制度，坚决防止占多补少、占优补劣、占水田补旱地，严禁毁林开垦。全面推进建设占用耕地耕作层剥离再利用。实行建设用地总量和强度双控行动，严格控制农村集体建设用地规模。完善耕地保护补偿机制。实施耕地质量保护与提升行动，加强耕地质量调查评价与监测，扩大东北黑土地保护利用试点规模。实施渤海粮仓科技示范工程，加大科技支撑力度，加快改造盐碱地。创建农业可持续发展试验示范区。划定农业空间和生态空间保护红线。落实最严格的水资源管理制度，强化水资源管理"三条红线"刚性约束，实行水资源消耗总量和强度双控行动。加强地下水监测，开展超采区综合治理。落实河湖水域岸线用途管制制度。加强自然保护区建设与管理，对重要生态系统和物种资源实行强制性保护。实施濒危野生动植物抢救性保护工程，建设救护繁育中心和基因库。强化野生动植物进出口管理，严厉打击象牙等濒危野生动植物及其制品非法交易。

10. 加快农业环境突出问题治理。基本形成改善农业环境的政策法规制度和技术路径，确保农业生态环境恶化趋势总体得到遏制，治理明显见到成效。实施并完善农业环境突出问题治理总体规划。加大农业面源污染防治力度，实施化肥农药零增长行动，实施种养业废弃物资源化利用、无害化处理区域示范工程。积极推广高效生态循环农业模式。探索实行耕地轮作休耕制度试点，通过轮作、休耕、退耕、替代种植等多种方式，对地下水漏斗区、重金属污染区、生态严重退化地区开展综合治理。实施全国水土保持规划。推进荒漠化、石漠化、水土流失综合治理。

11. 加强农业生态保护和修复。实施山水林田湖生态保护和修复工程，进行整体保护、系统修复、综合治理。到 2020 年森林覆盖率提高到 23% 以上，湿地面积不低于 8 亿亩。扩大新一轮退耕还林还草规模。扩大退牧还草工程实施范围。实施新一轮草原生态保护补助奖励政策，适当提高补奖标准。实施湿地保护与恢复工程，开展退耕还湿。建立沙化土地封禁保护制度。加强历史遗留工矿废弃和自然灾害损毁土地复垦利用。开展大规模国土绿化行动，增加森林面积和蓄积量。加强三北、长江、珠江、沿海防护林体系等林业重点工程建设。继续推进京津风沙源治理。完善天然林保护制度，全面停止天然林商业性采伐。完善海洋渔业资源总量管理制度，严格实行休渔禁渔制度，开展近海捕捞限额管理试点，按规划实行退养还滩。加快推进水生态修复工程建设。建立健全生态保护补偿机制，开展跨地区跨流域生态保护补偿试点。编制实施耕地、草原、河湖休养生息规划。

12. 实施食品安全战略。加快完善食品安全国家标准，到 2020 年农兽药残留限量指标基本与国际食品法典标准接轨。加强产地环境保护和源头治理，实行严格的农业投入品使用管理制度。推广高效低毒低残留农药，实施兽用抗菌药治理行动。创建优质农产品和食品品牌。继续推进农业标准化示范区、园艺作物标准园、标准化规模养殖场（小区）、水产健康养殖场建设。实施动植物保护能力提升工程。加快健全从农田到餐桌的农产品质量和食品安全监管体系，建立全程可追溯、互联共享的信息平台，加强标准体系建设，健全风险监测评估和检验检测体系。落实生产经营主体责任，严惩各类食品安全违法犯罪。实施食品安全创新工程。加强基层监管机构能力建设，培育职业化检查员，扩大抽检覆盖面，加强日常检查。加快推进病死畜禽无害化处理与养殖业保险联动机制建设。规范畜禽屠宰管理，加强人畜共患传染病防治。强化动植物疫情疫病监测防控和边境、口岸及主要物流通道检验检疫能力建设，严防外来有害物种入侵。深入开展食品安全城市和农产品质量安全县创建，开展农村食品安全治理行动。强化食品安全责任制，把保障农产品质量和食品安全作为衡量党政领导班子政绩的重要考核指标。

三、推进农村产业融合，促进农民收入持续较快增长

大力推进农民奔小康，必须充分发挥农村的独特优势，深度挖掘农业的多种功能，培育壮大农村新产业新业态，推动产业融合发展成为农民增收的重要支撑，让农村成为可以大有作为的广阔天地。

13. 推动农产品加工业转型升级。加强农产品加工技术创新，促进农产品初加工、精深加工及综合利用加工协调发展，提高农产品加工转化率和附加值，增强对农民增收的带动能力。加强规划和政策引导，促进主产区农产品加工业加快发展，支持粮食主产区发展粮食深加工，形成一批优势产业集群。开发拥有自主知识产权的技术装备，支持农产品加工设备改造提升，建设农产品加工技术集成基地。培育一批农产品精深加工领军企业和国内外知名品牌。强化环保、能耗、质量、安全等标准作用，促进农产品加工企业优胜劣汰。完善农产品产地初加工补助政策。研究制定促进农产品加工业发展的意见。

14. 加强农产品流通设施和市场建设。健全统一开放、布局合理、竞争有序的现代农产品市场体系，在搞活流通中促进农民增收。加快农产品批发市场升级改造，完善流通骨干网络，加强粮食等重要农产品仓储物流设施建设。完善跨区域农产品冷链物流体系，开展冷链标准化示范，实施特色农产品产区预冷工程。推动公益性农产品市场建设。支持农产品营销公共服务平台建设。开展降低农产品物流成本行动。促进农村电子商务加快发展，形成线上线下融合、农产品进城与农资和消费品下乡双向流通格局。加快实现行政村宽带全覆盖，创新电信普遍服务补偿机制，推进农村互联网提速降费。加强商贸流通、供销、邮政等系统物流服务网络和设施建设与衔接，加快完善县乡村物流体系。实施"快递下乡"工程。鼓励大型电商平台企业开展农村电商服务，支持地方和行业健全农村电商服务体系。建立健全适应农村电商发展的农产品质量分级、采后处理、包装配送等标准体系。深入开展电子商务进农村综合示范。加大信息进村入户试点力度。

15. 大力发展休闲农业和乡村旅游。依托农村绿水青山、田园风光、乡土文化等资源，大力发展休闲度假、旅游观光、养生养老、创意农业、农耕体验、乡村手工艺等，使之成为繁荣农村、富裕农民的新兴支柱产业。强化规划引导，采取以奖代补、先建后补、财政贴息、设立产业投资基金等方式扶持休闲农业与乡村旅游业发展，着力改善休闲旅游重点村进村道路、宽带、停车场、厕所、垃圾污水处理等基础服务设施。积极扶持农民发展休闲旅游业合作社。引导和支持社会资本开发农民参与度高、受益面广的休闲旅游项目。加强乡村生态环境和文化遗存保护，发展具有历史记忆、地域特点、民族风情的特色小镇，建设一村一品、一村一景、一村一韵的魅力村庄和宜游宜养的森林景区。依据各地具体条件，有规划地开发休闲农庄、乡村酒店、特色民宿、自驾露营、户外运动等乡村休闲度假产品。实施休闲农业和乡村旅游提升工程、振兴中国传统手工艺计划。开展农业文化遗产普查与保护。支持有条件的地方通过盘活农村闲置房屋、集体建设用地、"四荒地"、可用林场和水面等资产资源发展休闲农业和乡村旅游。将休闲农业和乡村旅游项目建设用地纳入土地利用总体规划和年度计划合理安排。

16. 完善农业产业链与农民的利益联结机制。促进农业产加销紧密衔接、农村一二三产业深度融合，推进农业产业链整合和价值链提升，让农民共享产业融合发展的增值收益，培育农民增收新模式。支持供销合作社创办领办农民合作社，引领农民参与农村产业融合发展、分享产业链收益。创新发展订单农业，支持农业产业化龙头企业建设稳定的原料生产基地、为农户提供贷款担保和资助订单农户参加农业保险。鼓励发展股份合作，引导农户自愿以土地经营权等入股龙头企业和农民合作社，采取"保底收益+按股分红"等方式，让农户分享加工销售环节收益、建立健全风险防范机制。加强农民合作社示范社建设，支持合作社发展农产品加工流通和直供直销。通过政府与社会资本合作、贴息、设立基金等方式，带动社会资本投向农村新产业新业态。实施农村产业融合发展试点示范工程。财政支农资金使用要与建立农民分享产业链利益机制相联系。巩固和完善"合同帮农"机制，为农民和涉农企业提供法律咨询、合同示范文本、纠纷调处等服务。

四、推动城乡协调发展，提高新农村建设水平

加快补齐农业农村短板，必须坚持工业反哺农业、城市支持农村，促进城乡公共资源均衡配置、城乡要素平等交换，稳步提高城乡基本公共服务均等化水平。

17. 加快农村基础设施建设。把国家财政支持的基础设施建设重点放在农村，建好、管好、护好、运营好农村基础设施，实现城乡差距显著缩小。健全农村基础设施投入长效机制，促进城乡基础设施互联互通、共建共享。强化农村饮用水水源保护。实施农村饮水安全巩固提升工程。推动城镇供水设施向周边农村延伸。加快实施农村电网改造升级工程，开展农村"低电压"综合治理，发展绿色小水电。加快实现所有具备条件的乡镇和建制村通硬化路、通班车，推动一定人口规模的自然村通公路。创造条件推进城乡客运一体化。加快国有林区防火应急道路建设。将农村公路养护资金逐步纳入地方财政预算。发展农村规模化沼气。加大农村危房改造力度，统筹搞好农房抗震改造，通过贷款贴息、集中建设公租房等方式，加快解决农村困难家庭的住房安全问题。加强农村防灾减灾体系建设。研究出台创新农村基础设施投融资体制机制的政策意见。

18. 提高农村公共服务水平。把社会事业发展的重点放在农村和接纳农业转移人口较多的城镇，加快推动城镇公共服务向农村延伸。加快发展农村学前教育，坚持公办民办并举，扩大农村普惠性学前教育资源。建立城乡统一、重在农村的义务教育经费保障机制。全面改善贫困地区义务教育薄弱学校基本办学条件，改善农村学校寄宿条件，办好乡村小规模学校，推进学校标准化建设。加快普及高中阶段教育，逐步分类推进中等职业教育免除学杂费，率先从建档立卡的家庭经济困难学生实施普通高中免除学杂费，实现家庭经济困难学生资助全覆盖。深入实施农村贫困地区定向招生等专项计划，对民族自治县实现全覆盖。加强乡村教师队伍建设，拓展教师补充渠道，推动城镇优秀教师向乡村学校流动。办好农村特殊教育。整合城乡居民基本医疗保险制度，适当提高政府补助标准、个人缴费和受益水平。全面实施城乡居民大病保险制度。健全城乡医疗救助制度。完善城乡居民养老保险参保缴费激励约束机制，引导参保人员选择较高档次缴费。改进农村低保申请家庭经济状况核查机制，实现农村低保制度与扶贫开发政策有效衔接。建立健全农村留守儿童和妇女、老人关爱服务体系。建立健全农村困境儿童福利保障和未成年人社会保护制度。积极发展农村社会工作和志愿服务。切实维护农村妇女在财产分配、婚姻生育、政治参与等方面的合法权益，让女性获得公平的教育机会、就业机会、财产性收入、金融资源。加强农村养老服务体系、残疾人康复和供养托养设施建设。深化农村殡葬改革，依法管理、改进服务。推进农村基层综合公共服务资源优化整合。全面加强农村公共文化服务体系建设，继续实施文化惠民项目。在农村建设基层综合性文化服务中心，整合基层宣传文化、党员教育、科学普及、体育健身等设施，整合文化信息资源共享、农村电影放映、农家书屋等项目，发挥基层文化公共设施整体效应。

19. 开展农村人居环境整治行动和美丽宜居乡村建设。遵循乡村自身发展规律，体现农村特点，注重乡土味道，保留乡村风貌，努力建设农民幸福家园。科学编制县域乡村建设规划和村庄规划，提升民居设计水平，强化乡村建设规划许可管理。继续推进农村环境综合整治，完善以奖促治政策，扩大连片整治范围。实施农村生活垃圾治理5年专项行动。采取城镇管网延伸、集中处理和分散处理等多种方式，加快农村生活污水治理和改厕。全面启动村庄绿化工程，开展生态乡村建设，推广绿色建材，建设节能农房。开展农村宜居水环境建设，实施农村清洁河道行动，建设生态清洁型小流域。发挥好村级公益事业一事一议财政奖补资金作用，支持改善村内公共设施和人居环境。普遍建立村庄保洁制度。坚持城乡环境治理并重，逐步把农村环境整治支出纳入地方财政预算，中央财政给予差异化奖补，政策性金融机构提供长期低息贷款，探索政府购买服务、专业公司一体化建设运营机制。加大传统村落、民居和历史文化名村名镇保护力度。开展生态文明示范村镇建设。鼓励各地因地制宜探索各具特色的美丽宜居乡村建设模式。

20. 推进农村劳动力转移就业创业和农民工市民化。健全农村劳动力转移就业服务体系，大力促进就地就近转移就业创业，稳定并扩大外出农民工规模，支持农民工返乡创业。大力发展特色县域经济和农村服务业，加快培育中小市和特色小城镇，增强吸纳农业转移人口能力。

加大对农村灵活就业、新就业形态的支持。鼓励各地设立农村妇女就业创业基金，加大妇女小额担保贷款实施力度，加强妇女技能培训，支持农村妇女发展家庭手工业。实施新生代农民工职业技能提升计划，开展农村贫困家庭子女、未升学初高中毕业生、农民工、退役军人免费接受职业培训行动。依法维护农民工合法劳动权益，完善城乡劳动者平等就业制度，建立健全农民工工资支付保障长效机制。进一步推进户籍制度改革，落实1亿左右农民工和其他常住人口在城镇定居落户的目标，保障进城落户农民工与城镇居民有同等权利和义务，加快提高户籍人口城镇化率。全面实施居住证制度，建立健全与居住年限等条件相挂钩的基本公共服务提供机制，努力实现基本公共服务常住人口全覆盖。落实和完善农民工随迁子女在当地参加中考、高考政策。将符合条件的农民工纳入城镇社会保障和城镇住房保障实施范围。健全财政转移支付同农业转移人口市民化挂钩机制，建立城镇建设用地增加规模同吸纳农业转移人口落户数量挂钩机制。维护进城落户农民土地承包权、宅基地使用权、集体收益分配权，支持引导其依法自愿有偿转让上述权益。

21. 实施脱贫攻坚工程。实施精准扶贫、精准脱贫，因人因地施策，分类扶持贫困家庭，坚决打赢脱贫攻坚战。通过产业扶持、转移就业、易地搬迁等措施解决5000万左右贫困人口脱贫；对完全或部分丧失劳动能力的2000多万贫困人口，全部纳入低保覆盖范围，实行社保政策兜底脱贫。实行脱贫工作责任制，进一步完善中央统筹、省（自治区、直辖市）负总责、市（地）县抓落实的工作机制。各级党委和政府要把脱贫攻坚作为重大政治任务扛在肩上，各部门要步调一致、协同作战、履职尽责，切实把民生项目、惠民政策最大限度向贫困地区倾斜。广泛动员社会各方面力量积极参与扶贫开发。实行最严格的脱贫攻坚考核督查问责。

五、深入推进农村改革，增强农村发展内生动力

破解"三农"难题,必须坚持不懈推进体制机制创新,着力破除城乡二元结构的体制障碍,激发亿万农民创新创业活力,释放农业农村发展新动能。

22. 改革完善粮食等重要农产品价格形成机制和收储制度。坚持市场化改革取向与保护农民利益并重,采取"分品种施策、渐进式推进"的办法,完善农产品市场调控制度。继续执行并完善稻谷、小麦最低收购价政策。深入推进新疆棉花、东北地区大豆目标价格改革试点。按照市场定价、价补分离的原则,积极稳妥推进玉米收储制度改革,在使玉米价格反映市场供求关系的同时,综合考虑农民合理收益、财政承受能力、产业链协调发展等因素,建立玉米生产者补贴制度。按照政策性职能和经营性职能分离的原则,改革完善中央储备粮管理体制。深化国有粮食企业改革,发展多元化市场购销主体。科学确定粮食等重要农产品国家储备规模,完善吞吐调节机制。

23. 健全农业农村投入持续增长机制。优先保障财政对农业农村的投入,坚持将农业农村作为国家固定资产投资的重点领域,确保力度不减弱、总量有增加。充分发挥财政政策导向功能和财政资金杠杆作用,鼓励和引导金融资本、工商资本更多投向农业农村。加大专项建设基金对扶贫、水利、农村产业融合、农产品批发市场等"三农"领域重点项目和工程支持力度。发挥规划引领作用,完善资金使用和项目管理办法,多层级深入推进涉农资金整合统筹,实施省级涉农资金管理改革和市县涉农资金整合试点,改进资金使用绩效考核办法。将种粮农民直接补贴、良种补贴、农资综合补贴合并为农业支持保护补贴,重点支持耕地地力保护和粮食产能提升。完善农机购置补贴政策。用3年左右时间建立健全全国农业信贷担保体系,2016年推动省级农业信贷担保机构正式建立并开始运营。加大对农产品主产区和重点生态功能区的转移支付力度。完善主产区利益补偿机制。逐步将农垦系统纳入国家农业支持和民生改善政策覆盖范围。研究出台完善农民收入增长支持政策体系的指导意见。

24. 推动金融资源更多向农村倾斜。加快构建多层次、广覆盖、可持续的农村金融服务体系，发展农村普惠金融，降低融资成本，全面激活农村金融服务链条。进一步改善存取款、支付等基本金融服务。稳定农村信用社县域法人地位，提高治理水平和服务能力。开展农村信用社省联社改革试点，逐步淡出行政管理，强化服务职能。鼓励国有和股份制金融机构拓展"三农"业务。深化中国农业银行三农金融事业部改革，加大"三农"金融产品创新和重点领域信贷投入力度。发挥国家开发银行优势和作用，加强服务"三农"融资模式创新。强化中国农业发展银行政策性职能，加大中长期"三农"信贷投放力度。支持中国邮政储蓄银行建立三农金融事业部，打造专业化为农服务体系。创新村镇银行设立模式，扩大覆盖面。引导互联网金融、移动金融在农村规范发展。扩大在农民合作社内部开展信用合作试点的范围，健全风险防范化解机制，落实地方政府监管责任。开展农村金融综合改革试验，探索创新农村金融组织和服务。发展农村金融租赁业务。在风险可控前提下，稳妥有序推进农村承包土地的经营权和农民住房财产权抵押贷款试点。积极发展林权抵押贷款。创设农产品期货品种，开展农产品期权试点。支持涉农企业依托多层次资本市场融资，加大债券市场服务"三农"力度。全面推进农村信用体系建设。加快建立"三农"融资担保体系。完善中央与地方双层金融监管机制，切实防范农村金融风险。强化农村金融消费者风险教育和保护。完善"三农"贷款统计，突出农户贷款、新型农业经营主体贷款、扶贫贴息贷款等。

25. 完善农业保险制度。把农业保险作为支持农业的重要手段，扩大农业保险覆盖面、增加保险品种、提高风险保障水平。积极开发适应新型农业经营主体需求的保险品种。探索开展重要农产品目标价格保险，以及收入保险、天气指数保险试点。支持地方发展特色优势农产品保险、渔业保险、设施农业保险。完善森林保险制度。探索建立农业补贴、涉农信贷、农产品期货和农业保险联动机制。积极探索农业保险保单质押贷款和农户信用保证保险。稳步扩大"保险+期货"试点。鼓励和支持保险资金开展支农融资业务创新试点。进一步完善农业保险大灾风险分散机制。

26. 深化农村集体产权制度改革。到2020年基本完成土地等农村集体资源性资产确权登记颁证、经营性资产折股量化到本集体经济组织成员，健全非经营性资产集体统一运营管理机制。稳定农村土地承包关系，落实集体所有权，稳定农户承包权，放活土地经营权，完善"三权分置"办法，明确农村土地承包关系长久不变的具体规定。继续扩大农村承包地确权登记颁证整省推进试点。依法推进土地经营权有序流转，鼓励和引导农户自愿互换承包地块实现连片耕种。研究制定稳定和完善农村基本经营制度的指导意见。加快推进房地一体的农村集体建设用地和宅基地使用权确权登记颁证，所需工作经费纳入地方财政预算。推进农村土地征收、集体经营性建设用地入市、宅基地制度改革试点。完善宅基地权益保障和取得方式，探索农民住房保障新机制。总结农村集体经营性建设用地入市改革试点经验，适当提高农民集体和个人分享的增值收益，抓紧出台土地增值收益调节金征管办法。完善和拓展城乡建设用地增减挂钩试点，将指标交易收益用于改善农民生产生活条件。探索将通过土地整治增加的耕地作为占补平衡补充耕地的指标，按照谁投入、谁受益的原则返还指标交易收益。研究国家重大工程建设补充耕地由国家统筹的具体办法。加快编制村级土地利用规划。探索将财政资金投入农业农村形成的经营性资产，通过股权量化到户，让集体组织成员长期分享资产收益。制定促进农村集体产权制度改革的税收优惠政策。开展扶持村级集体经济发展试点。深入推进供销合作社综合改革，提升为农服务能力。完善集体林权制度，引导林权规范有序流转，鼓励发展家庭林场、股份合作林场。完善草原承包经营制度。

六、加强和改善党对"三农"工作领导

加快农业现代化和农民奔小康，必须坚持党总揽全局、协调各方的领导核心作用，改进农村工作体制机制和方式方法，不断强化政治和组织保障。

27. 提高党领导农村工作水平。坚持把解决好"三农"问题作为全党工作重中之重不动摇，以更大的决心、下更大的气力加快补齐农业农村这块全面小康的短板。不断健全党委统一领导、党政齐抓共管、党委农村工作综合部门统筹协调、各部门各负其责的农村工作领导体制和工作机制。注重选派熟悉"三农"工作的干部进省市县党委和政府领导班子。各级党委和政府要把握好"三农"战略地位、农业农村发展新特点，顺应农民新期盼，关心群众诉求，解决突出问题，提高做好"三农"工作本领。巩固和拓展党的群众路线教育实践活动和"三严三实"专题教育成果。进一步减少和下放涉农行政审批事项。加强"三农"前瞻性、全局性、储备性政策研究，健全决策咨询机制。扎实推进农村各项改革，鼓励和允许不同地方实行差别化探索。对批准开展的农村改革试点，要不断总结可复制、可推广的经验，推动相关政策出台和法律法规立改废释。深入推进农村改革试验区工作。全面提升农村经济社会发展调查统计水平，扎实做好第三次全国农业普查。加快建立全球农业数据调查分析系统。加强农村法治建设，完善农村产权保护、农业市场规范运行、农业支持保护、农业资源环境等方面的法律法规。

28. 加强农村基层党组织建设。始终坚持农村基层党组织领导核心地位不动摇，充分发挥农村基层党组织的战斗堡垒作用和党员的先锋模范作用，不断夯实党在农村基层执政的组织基础。严格落实各级党委抓农村基层党建工作责任制，发挥县级党委"一线指挥部"作用，实现整乡推进、整县提升。建立市县乡党委书记抓农村基层党建问题清单、任

务清单、责任清单，坚持开展市县乡党委书记抓基层党建述职评议考核。选优配强乡镇领导班子尤其是党委书记，切实加强乡镇党委思想、作风、能力建设。选好用好管好农村基层党组织带头人，从严加强农村党员队伍建设，持续整顿软弱涣散村党组织，认真抓好选派"第一书记"工作。创新完善基层党组织设置，确保党的组织和党的工作全面覆盖、有效覆盖。健全以财政投入为主的经费保障制度，落实村级组织运转经费和村干部报酬待遇。进一步加强和改进大学生村官工作。各级党委特别是县级党委要切实履行农村基层党风廉政建设的主体责任，纪委要履行好监督责任，将全面从严治党的要求落实到农村基层，对责任不落实和不履行监管职责的要严肃问责。着力转变基层干部作风，解决不作为、乱作为问题，加大对农民群众身边腐败问题的监督审查力度，重点查处土地征收、涉农资金、扶贫开发、"三资"管理等领域虚报冒领、截留私分、贪污挪用等侵犯农民群众权益的问题。加强农民负担监管工作。

29. 创新和完善乡村治理机制。加强乡镇服务型政府建设。研究提出深化经济发达镇行政管理体制改革指导意见。依法开展村民自治实践，探索村党组织领导的村民自治有效实现形式。深化农村社区建设试点工作，完善多元共治的农村社区治理结构。在有实际需要的地方开展以村民小组或自然村为基本单元的村民自治试点。建立健全务实管用的村务监督委员会或其他形式的村务监督机构。发挥好村规民约在乡村治理中的积极作用。深入开展涉农信访突出问题专项治理。加强农村法律服务和法律援助。推进县乡村三级综治中心建设，完善农村治安防控体系。开展农村不良风气专项治理，整治农村黄赌毒、非法宗教活动等突出问题。依法打击扰乱农村生产生活秩序、危害农民生命财产安全的犯罪活动。

30. 深化农村精神文明建设。深入开展中国特色社会主义和中国梦宣传教育，加强农村思想道德建设，大力培育和弘扬社会主义核心价值观，增强农民的国家意识、法治意识、社会责任意识，加强诚信教育，倡导契约精神、科学精神，提高农民文明素质和农村社会文明程度。深入开展文明村镇、"星级文明户"、"五好文明家庭"创建，培育文明乡风、优良家风、新乡贤文化。广泛宣传优秀基层干部、道德模范、身边好人等先进事迹。弘扬优秀传统文化，抓好移风易俗，树立健康文明新风尚。

让我们更加紧密地团结在以习近平同志为总书记的党中央周围，艰苦奋斗，真抓实干，攻坚克难，努力开创农业农村工作新局面，为夺取全面建成小康社会决胜阶段的伟大胜利作出更大贡献！